ZELF UW BELASTINGAANGIFTE INVULLEN

EEN PRAKTISCHE HANDLEIDING VOOR UW AANGIFTE 2013

VOORWOORD

Vol vertrouwen onze belastingaangifte invullen. Geen aftrekposten vergeten, alle inkomsten correct opgeven. Een goed weerwoord hebben tegenover de verkopers van financiële producten. Zeker weten dat je geen toeslagen of andere voordelen misloopt. Niet opgezadeld worden met woekerpolissen, onnodige koopsommen. Niet je geld stallen bij omvallende banken. Is dat een ideaalbeeld of een haalbare toekomst? De cursussen die wij aanbieden zijn erop gericht dat dit een haalbare toekomst wordt. Financieel weerbare mensen die zelfverzekerd hun beslissingen nemen.

Dit lesboek is geschreven als achtergrond bij de cursus 'Aangifte Inkomstenbelasting' zoals deze gegeven wordt bij een aantal volksuniversiteiten en dient als toegankelijke handleiding bij het invullen van uw belastingaangifte. We proberen geenszins volledig te zijn in onderwerpen noch in beschrijving van de te behandelen onderwerpen. Daartoe kunt u een belastinggids of –almanak aanschaffen. De keuze van de onderwerpen is gebaseerd op de (meest) voorkomende vragen en cases die we tegengekomen zijn in de praktijk van ruim tien jaar invullen van belastingaangiftes voor particulieren en eenmansbedrijven.

Voor een tijdige productie van deze uitgave zijn niet alle afbeeldingen gebaseerd op het nieuwste aangifteprogramma, maar zijn ook screenshots van de versie van 2012 gebruikt. Naar verwachting zal het aangifteprogramma niet sterk verschillen.

De tekst is mede gebaseerd op een aantal bronnen:
- Help-informatie van het aangifteprogramma van de Belastingdienst.
- Kluwer en Elsevier Belastingalmanak.
- Basisboek Belastingen van prof. Dr. L.G.M. Stevens.

Dit lesboek is tot stand gekomen met dank aan Maria Fleuren en Jan Phillipson, waarvoor mijn hartelijke dank.

Frank Phillipson

Phillipson belastingadvies & financiële planning
Denarius financiële educatie

De hoofdstukken kennen een aantal opgaves, waarvan er een aantal u vraagt een hele aangiftes in een aantal stappen in te vullen. Deze oefenopgaves vindt u op de website: www.denarius-educatie.nl. Ga naar 'downloaden'. U kunt hier inloggen met de gegevens:

login: user2014
password: belastingen14

ISBN: 978-1494423988 © 2013 – Denarius financiële educatie – Alle rechten voorbehouden. Denarius financiële educatie sluit alle aansprakelijkheid uit voor enigerlei directe of indirecte schade, van welke aard dan ook, die voortvloeit uit of verband houdt met het gebruik van dit boek of informatie die door middel van dit boek is verkregen. Gebruikte muisafbeelding afkomstig van Freepik.com.

INHOUDSOPGAVE:

VOORWOORD 3

INHOUDSOPGAVE: 5

1 INKOMSTENBELASTING EN VOLKSVERZEKERINGEN 7
   1.1   SOCIALE VERZEKERINGEN EN VOORZIENINGEN 7
   1.2   ZORGVERZEKERINGSWET 10

2 HET AANGIFTEPROGRAMMA 11
   2.1   INLEIDING 11
   2.2   DOWNLOADEN EN OPSTARTEN 12
   2.3   OPBOUW PROGRAMMA 13

3 FISCALE PARTNERS EN KINDEREN 15
   3.1   FISCALE PARTNERS 16
   3.2   KINDEREN 18

4 INLEIDING BOXENSTELSEL EN TARIEVEN 19
   4.1   BOX 1 19
   4.2   BOX 2 21
   4.3   BOX 3 22
   4.4   HEFFINGSKORTINGEN 22
   4.5   SAMENVATTING 22
   4.6   DREMPELINKOMEN EN VERZAMELINKOMEN 24

5 BOX 1 25
   5.1   WERK, PENSIOEN EN UITKERING 25
   5.2   WONING 29
   5.3   REISKOSTEN 40
   5.4   ANDERE INKOMSTEN 41
   5.5   PREMIE LIJFRENTES E.D. 43

6 BOX 2 47

7 BOX 3 48
   7.1   BEZITTINGEN 48
   7.2   WAARDERING 51
   7.3   SCHULDEN 53
   7.4   HEFFINGSVRIJ VERMOGEN 54

8 PERSOONSGEBONDEN AFTREK 56

8.1	Alimentatie en andere onderhoudsverplichtingen	57
8.2	Uitgaven voor levensonderhoud van een kind jonger dan 21 jaar	57
8.3	Uitgaven voor weekendbezoek van ernstig gehandicapten	59
8.4	Ziektekosten of andere buitengewone uitgaven	59
8.5	Studiekosten	65
8.6	Giften	66

9 TE VERREKENEN BEDRAGEN EN HEFFINGSKORTINGEN 69

9.1	Te verrekenen bedragen	69
9.2	Heffingskortingen	70

10 VERDELING EN OVERZICHT 74

10.1	Verdeling	74
10.2	Overzicht	76

11 MIDDELLINGSREGELING 78

12 DE AANSLAG 80

12.1	Om welke aanslag gaat het?	80
12.2	Eerst doen	81

13 BELANGRIJKSTE WIJZIGINGEN IN 2013 EN 2014 82

14 CHECKLIST BENODIGDHEDEN AANGIFTE 83

INDEX 86

1 INKOMSTENBELASTING EN VOLKSVERZEKERINGEN

De aangifte die u waarschijnlijk elk jaar doet heeft als titel 'Aangifte inkomstenbelasting / premie volksverzekeringen / Inkomensafhankelijk bijdrage Zvw'. Deze titel wijst er al op dat de Belastingdienst niet alleen de inkomstenbelasting int maar ook de premies die u verschuldigd bent voor de volksverzekeringen en de zorgverzekeringswet. Daarnaast heeft de Belastingdienst er de laatste jaren nog veel meer taken bij gekregen zoals de verstrekking van de toeslagen: kinderopvangtoeslag, huurtoeslag, kindgebondenbudget en zorgtoeslag (zie www.toeslagen.nl). We zullen in dit hoofdstuk stil staan bij de Sociale Verzekeringswetgeving en de Zorgverzekeringswet.

Figuur 1: Aangiftebrief

1.1 Sociale verzekeringen en voorzieningen

In ons land kennen we een aantal soorten uitkeringen. We kennen sociale verzekeringen en sociale voorzieningen. De volksverzekeringen zijn een subcategorie onder sociale verzekeringen. Beide soorten uitkeringen zullen we hier kort bespreken.

Bij de eerste categorie, sociale verzekeringen, treft u het woord 'verzekering' aan. Hierbij is ook daadwerkelijk sprake van het betalen van premie en de mogelijkheid tot uitbetaling bij het voordoen van een bepaalde gebeurtenis, wat het kenmerk is van een verzekering. Ook deze verzekeringen kunnen we weer in twee categorieën verdelen. Deze twee categorieën zijn:

1. Verzekeringen die alleen gelden voor werkenden (in loondienst), waarbij ook door hen de premie betaald wordt, de zogenaamde werknemersverzekeringen. Hieronder vallen:
   i. de Werkloosheidswet (WW); Wanneer u - geheel of gedeeltelijk - werkloos wordt, kunt u het verlies aan inkomen voor een bepaalde periode opvangen met een WW-uitkering. Deze uitkering fungeert als een brug tussen twee banen. Er zijn wel voorwaarden aan verbonden. Zo moet u beschikbaar zijn voor werk. Verder is het belangrijk hoe lang u gewerkt heeft.
   ii. de Wet Werk en Inkomen naar Arbeidsvermogen (WIA); sinds 1 januari 2006 de opvolger van de WAO. Als u op of na 1 januari 2004 ziek bent geworden en na twee jaar nog niet aan het werk kunt, krijgt u met de WIA te maken. Alleen bij volledige en duurzame arbeidsongeschiktheid krijgt u recht op een arbeidsongeschiktheidsuitkering. Als u nog gedeeltelijk kunt werken, krijgt u een aanvulling op het loon. Bij de WIA staat 'werken naar vermogen' centraal. Ofwel: 'Het gaat niet om wat je niet meer kan... maar om wat je nog wél kan.'
   iii. de Ziektewet (ZW); Deze wet geldt uitsluitend voor mensen die geen directe werkgever hebben, zoals uitzendkrachten. Ook kunt u ziekengeld ontvangen als u ziek wordt als gevolg van zwangerschap en bevalling. Het ziekengeld bedraagt ten minste zeventig procent van het dagloon (dit is aan een maximum gebonden).
Uitvoering van deze verzekeringen ligt bij het UWV.

2. Verzekeringen die voor alle Nederlandse ingezeten gelden, de zogenaamde volksverzekeringen:
   i. de Algemene Ouderdomswet (AOW); Deze wet heeft tot doel om de hele bevolking van Nederland te verzekeren voor de oude dag. Er bestaat geen onderscheid tussen mannen en vrouwen of werkenden en niet-werkenden. De AOW-leeftijd wordt momenteel verhoogd van 65 naar 67 jaar. Op termijn kan deze leeftijd verder stijgen als de levensverwachting stijgt.
   ii. de Algemene nabestaandenwet (Anw); Dit is een volksverzekering die aan volwassenen van wie de (huwelijks)partner is overleden, recht geeft op een uitkering. Ook weeskinderen komen in aanmerking voor een uitkering. De overleden echtgenoot, partner of ouder moet op de dag van overlijden verzekerd zijn geweest voor de Anw. Doorgaans valt iedere inwoner van Nederland automatisch hieronder.
   iii. de Algemene Wet Bijzondere Ziektekosten (AWBZ); Dit is een volksverzekering voor ziektenkostenrisico's waar je je niet individueel voor kunt verzekeren. Iedereen die in Nederland woont of werkt is er voor verzekerd en heeft recht op vergoeding van de AWBZ-zorg. De AWBZ dekt zware geneeskundige risico's die niet onder de zorgverzekeringen vallen. Het gaat om medische kosten die door vrijwel niemand op te brengen zijn.
   iv. de Algemene Kinderbijslagwet (AKW); Deze wet biedt ouders een tegemoetkoming in de kosten die het opvoeden en verzorgen van kinderen tot 18

jaar met zich mee brengt. De hoogte van de kinderbijslag hangt af van de leeftijd van het kind.
Uitvoering van deze verzekeringen ligt bij de SVB (Sociale Verzekeringsbank).

Sociale voorzieningen is de tweede hoofdcategorie. Deze hebben niet het karakter van een verzekering en daarvoor hoeven dan ook geen premies te worden betaald. Deze voorzieningen worden betaald uit de algemene middelen. Regelingen die hieronder vallen zijn:

1. de Wet Arbeidsongeschiktheidsvoorziening Jonggehandicapten (Wajong); De wet biedt jonggehandicapten en studenten die arbeidsongeschikt zijn een uitkering op minimumniveau. Het betreft de groep arbeidsongeschikten die zich niet kunnen beroepen op de Wet op de arbeidsongeschiktheidsverzekering (WAO) of de WIA omdat ze geen arbeidsverleden hebben.
2. de Wet Werk en Bijstand (WWB); Deze wet is ook wel bekend als een bijstandsuitkering of kortweg 'de bijstand'. Een bijstandsuitkering kunt u aanvragen als u in Nederland woont, niet genoeg inkomen of vermogen heeft om in uw levensonderhoud te voorzien en ook niet in aanmerking komt voor een andere uitkering. Het is een zogenaamde bodemvoorziening die wordt verstrekt door de gemeente.
3. de Wet Inkomensvoorziening Oudere en gedeeltelijk Arbeidsongeschikte Werkloze Werknemers (IOAW); Dit is een inkomensvoorziening op het niveau van het sociaal minimum. De IOAW is bestemd voor oudere langdurig werklozen die 50 jaar of ouder waren op het moment dat zij werkloos werden en voor gedeeltelijk arbeidsongeschikte werklozen, ongeacht hun leeftijd, die op 28 december 2005 een IOAW-uitkering ontvingen en geen recht hebben op een toeslag via de Toeslagenwet. De IOAW geldt, nadat de uitkeringsperiode voor de werkloosheidswet inclusief de vervolguitkering is verstreken. Net als de bijstandsuitkering (WWB) wordt de IOAW-uitkering door de gemeente verstrekt.
4. de Wet Inkomensvoorziening Ouderen en gedeeltelijk Arbeidsongeschikte gewezen Zelfstandigen (IOAZ); Een oudere of gedeeltelijk arbeidsongeschikte zelfstandige kan, wegens omstandigheden, het bedrijf moeten beëindigen of verkopen of gedwongen worden uit het bedrijf of beroep te stappen. De Wet inkomensvoorziening oudere en gedeeltelijk arbeidsongeschikte gewezen zelfstandigen (IOAZ) kan dan uitkomst bieden. De regeling biedt aan oudere en arbeidsongeschikte gewezen zelfstandigen tot 65 jaar een inkomensgarantie op het niveau van het sociaal minimum. De IOAZ-uitkering vult het eigen inkomen aan tot bijstandsniveau. Ook deze wet wordt door de gemeente verstrekt.
5. de Toeslagenwet (TW); De Toeslagenwet vult een aantal sociale uitkeringen aan tot het sociaal minimum, als het totale inkomen van de uitkeringsgerechtigde en eventuele partner daaronder ligt. Dit moet u niet verwarren met de Toeslagen, zoals huur- en zorgtoeslag.

De werkgever draagt direct premie af voor WW en WIA, de werknemersverzekeringen. Via de belastingdienst (voorheffing door uw werkgever, belastingaangifte na afloop van een jaar) betaalt u premie voor de AOW, ANW en AWBZ, de volksverzekeringen.

1.2 Zorgverzekeringswet

De Zorgverzekeringswet (Zvw) is een Nederlandse wet die op 1 januari 2006 is ingevoerd. De Zvw maakt, naast de Algemene Wet Bijzondere Ziektekosten, deel uit van het Nederlandse zorgverzekeringsstelsel. De Zvw stelt een zorgverzekering verplicht voor iedereen die verzekerd is voor de Algemene Wet Bijzondere Ziektekosten. Dit komt neer op alle Nederlandse ingezetenen en mensen die in het buitenland wonen maar vanuit Nederland inkomsten uit arbeid ontvangen.

De omvang van de dekking van de zorgverzekering wordt door de Zvw en de onderliggende wetgeving (Besluit zorgverzekering en Regeling zorgverzekering) bepaald. Tot slot bepaalt de Zvw dat verzekeraars verplicht zijn iedereen te accepteren en zorgverzekeringen niet mogen beëindigen bij slecht schadeverloop, dat wil zeggen wanneer u hoge kosten maakt.

De financiering van de zorgverzekering vindt plaats door middel van:
- De nominale premie: de premie die de verzekerde aan de verzekeraar betaalt. Voor kinderen tot 18 jaar is geen premie verschuldigd;
- De inkomensafhankelijke bijdrage, verschuldigd over de eerste € 50.853 (in 2013) van de volgende inkomensbestanddelen (het "bijdrage-inkomen"):
    - Op loon en uitkeringen werknemersverzekeringen wordt 7,75% inkomensafhankelijke bijdrage ingehouden. Dit wordt als werkgeversheffing beschouwd, u ziet dit dus niet meer (sinds 2013) terug op uw loonstrookje, uw werkgever betaalt dit.
    - Op de volgende inkomensbestanddelen wordt 5,65 % inkomensafhankelijke bijdrage ingehouden of op aanslag betaald:
        - Pensioen;
        - Termijnen van lijfrente en banksparen, indien belast;
        - Resultaat uit "overige werkzaamheden" (d.w.z. niet in loondienst);
        - Winst uit onderneming;
        - Alimentatie (hiervoor geldt tijdelijk een overgangsregeling).

Dit percentage wordt ingehouden op uw uitkering of moet u achteraf zelf betalen. De uitkeerder houdt het bedrag in, maar u betaalt het uiteindelijk zelf.

De werkgever draagt direct premie af voor de Zvw. Via de belastingdienst rekenen zelfstandigen de Zvw af.

2 HET AANGIFTEPROGRAMMA

Vanaf begin januari staat het aangifteprogramma van de Belastingdienst voor u klaar op de website van de Belastingdienst, www.belastingdienst.nl. Met dit programma kunt u gemakkelijk digitaal aangifte doet. Miljoenen mensen maken hier al gebruik van. Het is niet alleen makkelijk voor u, maar ook voor de Belastingdienst; zij hebben uw gegevens dan direct digitaal.

2.1 Inleiding

Om veilig digitaal aangifte te doen, heeft u een DigiD nodig, uw wachtwoord en gebruikersnaam voor digitale diensten van de overheid. Hiermee doet u veilig aangifte via internet. U kunt deze aanvragen op: www.digid.nl.

Figuur 2: downloaden op de site van de Belastingdienst.

Belangrijkste kenmerken van het aangifteprogramma zijn:

- U kunt voor zoveel mensen aangifte doen als u wenst. Elke aangifte wordt apart opgeslagen, en elke keer als u iets verandert in een aangifte wordt deze automatisch opgeslagen. U kunt zo tussentijds stoppen met het invullen van een aangifte om op een ander moment verder te gaan. Ook nadat u de aangifte heeft verstuurd, blijft het op uw computer staan.
- U kunt altijd een aangifte onderbreken, verder invullen en aanpassen. Dat kan ook nadat u de aangifte al heeft verstuurd. Stuur dan de gewijzigde aangifte opnieuw in. Dit kan totdat u de definitieve aanslag heeft ontvangen.
- U kunt de aangifte ook al deels voor u laten invullen door de Belastingdienst. Dit kan meestal pas vanaf maart, wanneer de Belastingdienst uw gegevens heeft

binnengekregen van de gemeentes, werkgevers en banken. Het is wel van belang dat u deze vooraf ingevulde gegevens goed controleert. Vul de eventueel ontbrekende gegevens aan.

- U wordt stap voor stap door de aangifte geleid. U hoeft alleen vragen te beantwoorden die op u van toepassing zijn. U houdt tijdens het invullen het overzicht doordat u gemakkelijk voor en achteruit kunt bladeren. Bij iedere vraag is er een uitgebreide toelichting om u te helpen bij het invullen.
- Het programma maakt de berekeningen voor u. Wel zo makkelijk. U hoeft niet zelf optellingen te maken, verzamel- of drempelinkomen en drempels te bepalen.
- U kunt zelf bepalen hoe u bepaalde inkomsten en aftrekposten verdeelt tussen u en uw fiscale partner. Ieder verdeling mag, als het totaal maar 100% is bij u en uw fiscale partner samen. Het programma berekent de belasting.

Tot slot verstuurt u uw aangifte digitaal. Als de Belastingdienst uw aangifte heeft ontvangen, krijgt u een ontvangstbevestiging op uw scherm. U kunt ook een overzicht van uw gegevens printen voor uw eigen administratie.

2.2 Downloaden en opstarten

Het aangifteprogramma wordt door de Belastingdienst gratis op hun internetpagina aangeboden. Uw kunt het daar downloaden. Ga daarvoor naar de internetpagina (site) van de Belastingdienst en kies daar voor 'Aangifteprogramma downloaden', via www.belastingdienst.nl/aangifte, en kies voor download het aangifteprogramma. Kies het juiste besturingssysteem dat u op uw computer heeft draaien (Windows, Linux of Apple OS).

Figuur 3: Welkomscherm Windows-installatie

U kunt vervolgens via een installatiewizard het programma installeren op uw computer. Het welkomscherm in de Windows-versie ziet u in Figuur 3. Via deze installatiewizard kunt u bepalen waar op uw computer het programma wordt geïnstalleerd. Het maakt ook standaard een map (folder) aan waar uw aangiftes worden geplaatst. Meestal is dat:

(My) Documents\Belastingdienst\Aangifte inkomstenbelasting\2013

Tot slot kunt u ervoor kiezen of u een snelkoppeling op uw bureaublad wilt hebben. Hiermee kunt u snel en makkelijk het aangifteprogramma starten. Door dubbel te klikken op de snelkoppeling start u het aangifteprogramma en kunt u uw eerste aangifte starten.

Figuur 4: Installatie is voltooid

2.3 Opbouw programma

Als u kijkt naar het aangifteprogramma, dan ziet u aan de linkerkant (zie Figuur 5) de stappen die u gaat doorlopen. Beginnend bij uw Persoonlijke gegevens, dan via de drie Boxen naar de aftrekposten en de te verrekenen bedragen. Bij 'Overzicht' ziet u uiteindelijk hoeveel uw moet betalen of hoeveel u terug krijgt. Bij elk van deze categorieën is een aantal sub-categorieën die rechts verschijnen. Bij elke kunt u aanvinken of u daarmee te maken heeft. U zult dan, na het kiezen voor 'Akkoord' ruimte krijgen om informatie daarover in te vullen.

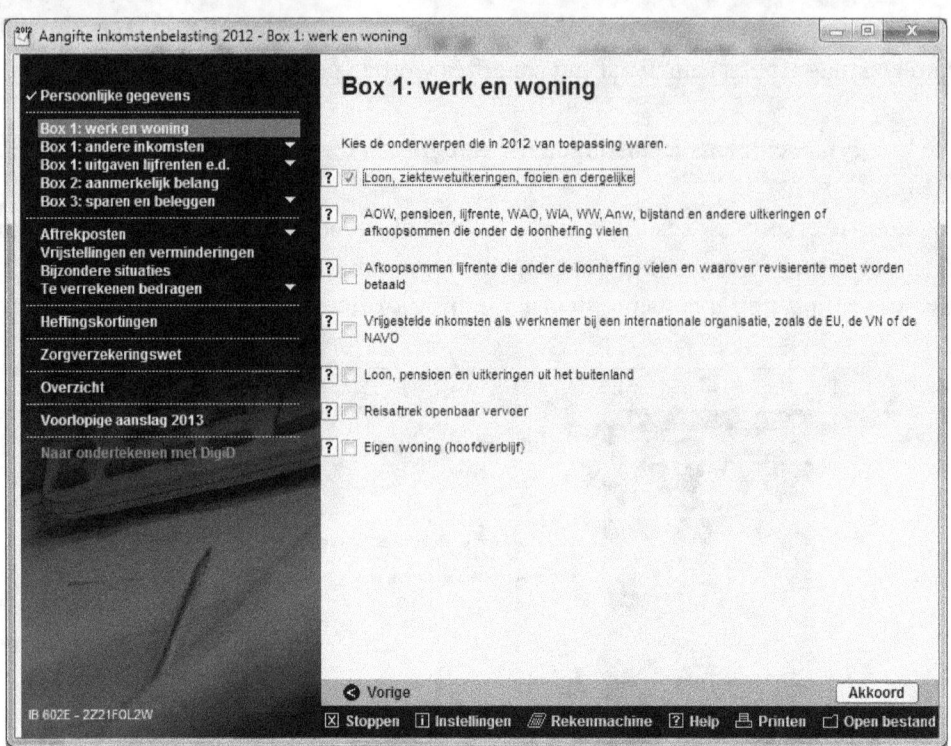

Figuur 5: Overzicht onderwerpen

3 FISCALE PARTNERS EN KINDEREN

Bij het opstarten van het aangifteprogramma is, na de introductie, het eerste scherm dat u tegenkomt het scherm waar u uw persoonlijke gegevens moet invullen.

Op dit scherm wordt u direct gevraagd naar uw persoonlijke gegevens als naam, geboortedatum, BSN en samenleven of getrouwd zijn. De laatste twee items zijn belangrijk om te zien of u een fiscaal partner heeft. Fiscale partners kunnen een deel van hun aftrekposten en inkomsten willekeurig onderling verdelen. Hier zullen we later op terugkomen. Hier zullen we vaststellen wanneer uw partner verplicht uw fiscale partner is. Wat betreft kinderen zullen we hier bepalen wat het begrip 'kind' inhoudt bij de Belastingdienst en welke inkomsten of uitgaven betreffende uw kind(eren) u moet of mag aangeven. Onder kinderen worden ook stief-, pleegkinderen en geadopteerde kinderen gerekend.

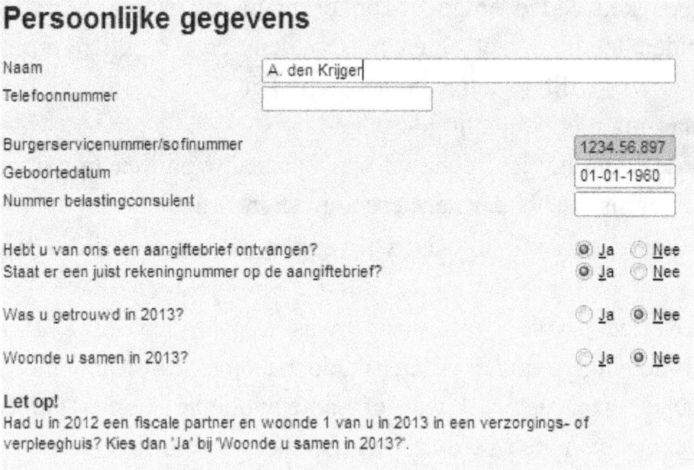

Persoonlijke gegevens

Naam: A. den Krijger
Telefoonnummer:

Burgerservicenummer/sofinummer: 1234.56.897
Geboortedatum: 01-01-1960
Nummer belastingconsulent:

Hebt u van ons een aangiftebrief ontvangen? ● Ja ○ Nee
Staat er een juist rekeningnummer op de aangiftebrief? ● Ja ○ Nee

Was u getrouwd in 2013? ○ Ja ● Nee

Woonde u samen in 2013? ○ Ja ● Nee

Let op!
Had u in 2012 een fiscale partner en woonde 1 van u in 2013 in een verzorgings- of verpleeghuis? Kies dan 'Ja' bij 'Woonde u samen in 2013?'.

Figuur 6: Uw persoonlijke gegevens

Bij persoonlijke gegevens vult u naast uw naam, telefoonnummer en uw BSN ofwel sofinummer in. Wist u dat het dit nummer net als een bankrekeningnummer aan speciale voorwaarden voldoet? Het moet namelijk aan de zogenaamde "elfproef" voldoen. Hierbij leidt een vergissing van één cijfer tot een ongeldig nummer. De elfproef voor het BSN wordt als volgt uitgevoerd. De cijfers worden "gewogen" bij elkaar opgeteld, dat wil zeggen afhankelijk van de positie van het cijfer wordt het met een afgesproken waarde vermenigvuldigd. De afzonderlijke resultaten worden bij elkaar opgeteld en gedeeld door 11. De rest van deze deling moet gelijk zijn aan 0.

> VOORBEELD: Stel het nummer is 123456897, dan geldt dat $(9 \times 1) + (8 \times 2) + (7 \times 3) + (6 \times 4) + (5 \times 5) + (4 \times 6) + (3 \times 8) + (2 \times 9) - (1 \times 7) = 154$ deelbaar is door 11, en dus is dat een geldig BSN. Het nummer 123456789 levert de som 147 op, wat niet deelbaar is door 11.

Tenslotte vult u in of u een oproep heeft gekregen voor het invullen van de aangifte van de Belastingdienst en of het bankrekeningnummer dat de Belastingdienst van u heeft correct is. Vanaf december 2013 hanteert de Belastingdienst nog maar één bankrekeningnummer voor alle uitbetalingen per belastingplichtige. U kunt dus niet uw toeslagen op een ander nummer laten storten dan uw belastingteruggave.

3.1 Fiscale partners

Per 1 januari 2011 is een grote wijziging ingegaan betreffende het begrip fiscaal partner. Met de situatie daarvoor heeft u bij deze aangifte niets te maken maar voor de volledigheid behandelen we hier beide situaties. U kunt tenslotte nog tot 5 jaar terug aangifte doen en voor de jaren vóór 2011 gelden de oude regels.

Situatie vóór 2011

Als u het gehele jaar getrouwd bent geweest dan bent u automatisch elkaars fiscale partner. U heeft hierin geen keuze. De enige uitzondering hierop is wanneer u en uw partner duurzaam gescheiden leefden, met eigen huishoudens en waarbij tenminste één van de partners de intentie heeft dit te laten voortduren. Dit is bijvoorbeeld het geval bij een voorgenomen, maar nog niet bekrachtigde scheiding.

Als u slechts een deel van het jaar gehuwd was omdat uw partner in dat jaar is overleden dan kunt u uw partner als fiscale partner beschouwen indien:

- Uw partner is overleden na 1 juli; dat wil zeggen dat u tenminste 6 maanden gehuwd geweest bent;
- Uw partner is overleden voor 1 juli, maar u was het jaar daarvoor al fiscale partners en het overlijden is de enige reden dat u niet voldoet aan de zes-maanden eis.

Als u niet het gehele jaar gehuwd was of samenwoonde, mag u gemeenschappelijke inkomsten en aftrekposten alleen verdelen als u er samen voor kiest om het gehele jaar als fiscale partners te worden beschouwd. U moet hier dan beiden om verzoeken. Dit verzoek doet u in de aangifte.

Voor de Belastingdienst is geregistreerd partnerschap gelijk aan een huwelijk. Bovenstaande punten gelden daar dus ook voor.

Als u niet gehuwd was kunt u ook worden aangemerkt als fiscale partners met een huisgenoot. U moet dan voldoen aan de volgende eisen:

- U heeft in het betreffende jaar meer dan zes maanden een gezamenlijk huishouden gevoerd en u was beiden ingeschreven bij de gemeente op hetzelfde adres.
- U en uw partner waren beide ouder dan 18 jaar en, indien de partner eerstegraads familie was (kind, ouder), ouder dan 27 jaar.
- U en uw partner hebben in dit jaar niemand anders als fiscale partner aangewezen.

Het is niet zo dat als u aan bovenstaande eisen voldoet dat u dan automatisch elkaars fiscale partner bent. U moet hier beide uitdrukkelijk voor kiezen. Of het positief uitwerkt om voor fiscaal partnerschap te kiezen dat was niet algemeen te zeggen. Kijk bijvoorbeeld naar de volgende voorbeelden.

> **VOORBEELD**: Twee mensen die samenleven, waarvan de eerste een hoog vermogen heeft en de tweede geen vermogen heeft, hebben baat bij het fiscaal partnerschap; de vermogensvrijstelling van de tweede persoon mag dan worden overgedragen. Twee mensen die samenleven, waarvan de eerste een laag inkomen heeft en hoge ziektekosten en de tweede een hoog inkomen en lage ziektekosten, hebben geen baat bij fiscaal partnerschap; de drempel voor aftrek van ziektekosten zou dermate verhoogd worden dat er minder of geen aftrek meer mogelijk is.

Situatie 2011 en later

Bent u getrouwd of geregistreerd partners, dan verandert er meestal niets. U bent dan fiscale partners. Als u gaat scheiden dan gold tot 1 januari 2011 dat uw fiscaal partnerschap eindigt op het moment dat u duurzaam gescheiden gaat leven van uw fiscale partner, u kunt dan nog officieel getrouwd zijn. Vanaf 2011 is dat gewijzigd. Uw fiscaal partnerschap eindigt op het moment dat uw advocaat uw aanvraag voor echtscheiding naar de rechtbank stuurt. U mag dan ook niet meer samen ingeschreven staan op hetzelfde adres. Is de aanvraag wel ingediend, maar blijft u samen ingeschreven staan op hetzelfde adres dan eindigt uw fiscaal partnerschap pas op het moment dat u of uw (ex-)partner zich laat uitschrijven.

Voor ongehuwd samenwonenden verandert er veel meer. Tot 1 januari 2011 kunt u als ongetrouwd samenwonende kiezen voor fiscaal partnerschap. Vanaf 2011 bent u fiscaal partner als u op hetzelfde adres staat ingeschreven en voldoet één van onderstaande voorwaarden:

- U heeft samen een notarieel samenlevingscontract. U moet dan beide meerderjarig zijn.
- U heeft samen een kind.
- U of uw partner heeft een kind en de ander heeft dit kind erkend.
- U staat als partners geregistreerd bij een pensioenfonds.
- U bent allebei eigenaar van de woning die uw hoofdverblijf is.

Uw fiscaal partnerschap begint op het moment dat u allebei op hetzelfde adres staat ingeschreven bij de gemeente en eindigt op het moment dat dat niet meer zo is. Het belastingprogramma gaat met vragen systematisch al deze voorwaarden af, zie Figuur 1. Als u niet meer aan de voorwaarden voldoet dan bent u geen fiscale partners. U kunt dan geen inkomsten en aftrekposten verdelen. Ook krijgt de partner die geen of een laag inkomen heeft de algemene heffingskorting niet uitbetaald.

Sluit u in het belastingjaar een samenlevingscontract, koopt u samen een woning of meldt u uw partner aan voor uw als partner voor uw pensioen, dan wordt u vanaf dat moment fiscale partners.

3.2 Kinderen

Het begrip 'kind' gaat verder dan natuurlijke kinderen, ofwel bloedverwanten. Ook erkende kinderen, geadopteerde kinderen en pleegkinderen worden als 'kind' beschouwd. Eerst kijken we welke inkomsten van uw kind moeten worden aangegeven bij uw aangifte. In principe geldt dat alle inkomsten van meerderjarige kinderen nooit bij uw inkomen gevoegd hoeven te worden. Van minderjarige kinderen soms wel; het gaat hierbij dan om inkomsten uit vermogen. U moet dus de saldi van de spaarrekeningen van uw minderjarige kinderen bij u opgeven. Uw kind als aftrekpost geldt soms ook. Belangrijkste aftrekposten hierbij zijn de zogenaamde heffingskortingen, waar we later op terug komen. Ook kunnen kosten van levensonderhoud onder bepaalde voorwaarden worden afgetrokken. Ook hierop komen we later nog terug. Over het algemeen geldt dat als u voor een kind kinderbijslag ontvangt of wanneer het kind studiefinanciering ontvangt, u voor dit kind geen onderhoudskosten kunt aftrekken.

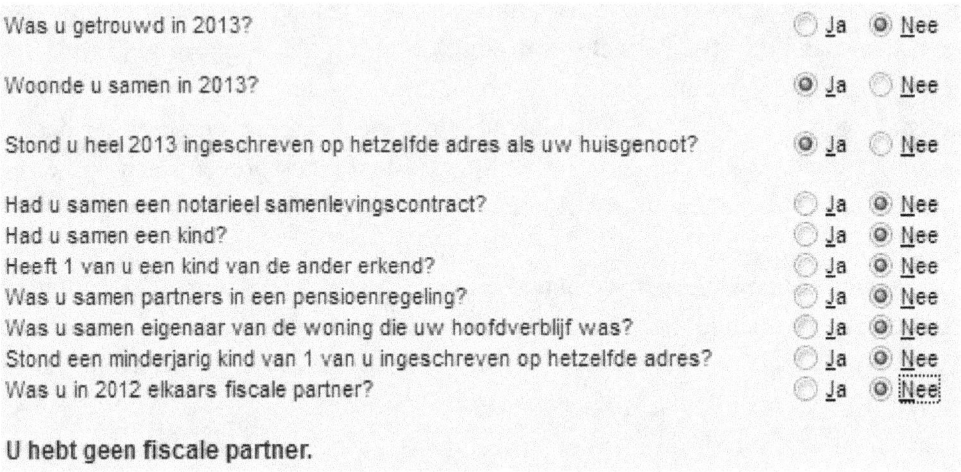

Vraag	Antwoord
Was u getrouwd in 2013?	Nee
Woonde u samen in 2013?	Ja
Stond u heel 2013 ingeschreven op hetzelfde adres als uw huisgenoot?	Ja
Had u samen een notarieel samenlevingscontract?	Nee
Had u samen een kind?	Nee
Heeft 1 van u een kind van de ander erkend?	Nee
Was u samen partners in een pensioenregeling?	Nee
Was u samen eigenaar van de woning die uw hoofdverblijf was?	Nee
Stond een minderjarig kind van 1 van u ingeschreven op hetzelfde adres?	Nee
Was u in 2012 elkaars fiscale partner?	Nee

U hebt geen fiscale partner.

Figuur 7: Vragen in verband met fiscaal partnerschap

4 INLEIDING BOXENSTELSEL EN TARIEVEN

Voor 2001 kenden we één zogenoemd belastbaar inkomen. Dit was de som van alle vormen van inkomen, die na aftrek van aftrekposten, met één tarief werden belast. Met de nieuwe wet van 2001 werd het inkomen echter gesplitst naar verschillende bronnen en verdeeld over drie zogenaamde Boxen. Elke Box kent zijn eigen bronnen, eigen aftrekposten en eigen tarieven. Aftrekposten zijn, beperkt, over te hevelen naar andere Boxen als het inkomen in een Box niet voldoende is om de aftrekpost geheel te kunnen benutten. We geven hier een overzicht van de Boxen. Verdere details worden in een volgend hoofdstuk behandeld.

4.1 Box 1

Box 1 bevat het inkomen uit 'werk en woning'. We maken in deze inleiding grofweg onderscheid in twee categorieën.

Ten eerste is dat inkomsten uit werk of uitkering. Dit zijn de inkomsten zoals loon, pensioenen, uitkeringen, ontvangen alimentatie en lijfrentes. Ook indien u een auto van de zaak krijgt dient u dit te zien als inkomen, dat in Box 1 wordt meegeteld. Bijzonder hierbij zijn buitenlandse pensioenen. Hiervoor geldt in veel gevallen een vrijstelling indien in het land van herkomst reeds belasting is betaald. De pensioenen moeten echter wel aangegeven worden. De vrijstelling wordt later in het programma verwerkt.

Aftrekbaar in Box 1 zijn kosten die gemaakt moeten worden om op het werk te komen (reiskosten, onder bepaalde voorwaarden) en kosten die gemaakt worden om te voorzien in toekomstige inkomsten. Denk bij dit laatste aan lijfrentepremies.

Een tweede bron van inkomsten in deze Box is de eigen woning. Onder eigen woning wordt hier een koophuis verstaan waar u ook echt woonachtig bent. Hiertoe wordt een zogenaamd eigenwoningforfait berekend, gebaseerd op de waarde zoals is vastgesteld krachtens de 'Wet waardering onroerende zaken (WOZ)' door de gemeente waar u woont. Dit eigenwoningforfait wordt dus aangemerkt als inkomen uit de woning.

Aftrekbaar hierbij zijn de kosten die gemaakt worden bij het aangaan van een geldlening (hypotheek) voor de eigen woning en de betaalde hypotheekrente. Sinds enkele jaren gelden er andere regels bij het bepalen van de hoogte van het bedrag waarover u de rente mag aftrekken. Zo moet nu bij verkoop van de woning de overwaarde van het huis worden gebruikt voor de aankoop van een eventueel nieuw huis en mag over dit bedrag geen hypotheekrente afgetrokken worden.

Het saldo van inkomsten en aftrekposten is het belaste inkomen in Box 1. Als dat positief is betaalt u daarover belasting. Het tarief van belastingen dat over het saldo van de inkomsten minus aftrekposten in de eerste Box betaald moet worden hangt af van de hoogte van de inkomsten. Deze Box kent een zogenaamde progressieve tariefstructuur. Hoe meer u verdient, hoe hoger het percentage is dat u over het meerdere moet betalen. De tarieven staan vermeld in Tabel 1.

Schijf	Loon op jaarbasis	Loonbelasting en premie volksverzekeringen	
		Tot AOW leeftijd	Ouder
1	tot € 19.645	37 %	19,1%
2	€ 19.645 tot € 33.363	42%	24,1%
3	€ 33.363 tot € 55.991	42%	42%
4	€ 55.991 of meer	52%	52%

Tabel 1: Tarieven loonbelasting en premie 2013

Als het saldo negatief is, dan heeft u een verlies geleden, doordat u bijvoorbeeld verlies uit een onderneming had, of weinig inkomen uit werk maar wel hypotheekrenteaftrek. Dit verlies kan niet verrekend worden met positief inkomen in een andere Box, maar onder voorwaarden wel met een positief inkomen in Box 1 van een ander jaar. Indien men een negatief inkomen uit werk en woning heeft, mag men dit eerst verrekenen met een positief inkomen uit de afgelopen 3 jaar, waarbij het oudste jaar als eerste wordt verrekend. Indien dit niet mogelijk is, of als er niet genoeg inkomen is om mee te verrekenen, mag het verlies in de komende negen jaar gebruikt worden om een eventueel positief inkomen te compenseren.

Het tarief in de derde en vierde schijf bestaat geheel uit loonbelasting. Het tarief van de eerste en tweede schijf is als volgt samengesteld:

Schijf	Premiesoort	Tot AOW leeftijd	Ouder
1	premie AOW	17,90%	n.v.t.
	premie Anw	0,60%	0,60%
	premie AWBZ	12,65%	12,65%
	loonbelasting	5,85%	5,85%
	Totaal	37,00%	19,10%
2	premie AOW	17,90%	n.v.t.
	premie Anw	0,60%	0,60%
	premie AWBZ	12,65%	12,65%
	loonbelasting	10,85%	10,85%
	Totaal	42,00%	24,10%
3	premie AOW	0%	n.v.t.
	premie Anw	0%	0%
	premie AWBZ	0%	0%
	loonbelasting	42%	42%
	Totaal	42%	42%
4	premie AOW	0%	n.v.t.
	premie Anw	0%	0%
	premie AWBZ	0%	0%
	loonbelasting	52%	52%
	Totaal	52%	52%

Tabel 2: Tarieven loonbelasting en premie 2013 gespecificeerd

Wat we 'belasting' noemen is dus eigenlijk een combinatie van loonbelasting en premies voor de volksverzekeringen. Zoals in de tabel wordt aangegeven wordt er steeds over het meerdere van de inkomsten een hoger tarief gerekend en niet over de totale inkomsten. Hoe hoog de belastingdruk is voor een bepaald inkomen is te zien in de onderstaande grafiek. In de grafiek is geen rekening gehouden met heffingskortingen.

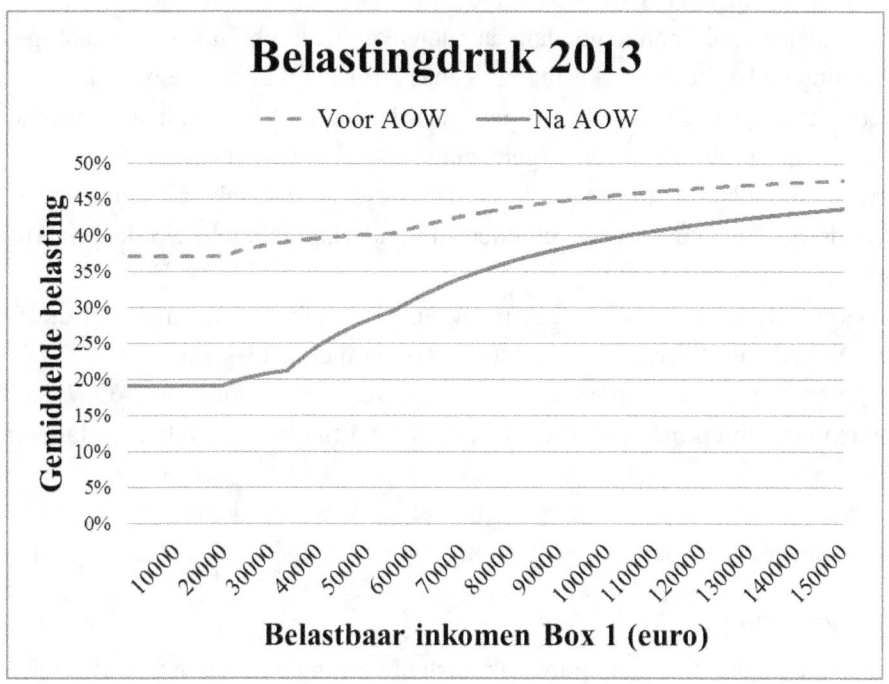

Figuur 8: Belastingdruk Box 1 als functie van inkomsten, voor en na AOW-leeftijd

4.2 Box 2

Box 2 bevat de inkomsten uit aanmerkelijk belang. U heeft een aanmerkelijk belang als u (met uw fiscale partner) 5% of meer van het aandelenpakket in een NV (Naamloze Vennootschap) of BV (Besloten Vennootschap) heeft. Ook als uw minderjarig kind een aanmerkelijk belang heeft wordt dat bij u belast. Daarnaast geldt nog dat wanneer familie in rechte lijn (kinderen, kleinkinderen, ouders grootouders) van u of uw fiscale partner een aanmerkelijk belang heeft, uw aandelen in datzelfde bedrijf, onafhankelijk van de grootte van het belang, ook als een aanmerkelijk belang gezien worden.

De inkomsten in deze Box zijn onder andere dividend of rente-inkomsten, dit zijn de zogenaamde reguliere voordelen. Verkocht u aandelen, opties enzovoort die bij een aanmerkelijk belang horen, dan is de winst die u maakt een vervreemdingsvoordeel. Het voordeel is dan de overdrachtsprijs min de verkrijgingsprijs. De twee voordelen samen zijn de inkomsten in Box 2. Aftrekbaar zijn kosten die gemaakt zijn om het belang te verwerven of om de rol van aandeelhouder goed uit te oefenen, bijvoorbeeld de kosten die worden gemaakt voor het bijwonen van een aandeelhoudersvergadering.

Het saldo van inkomsten minus kosten wordt belast met een vast percentage van 25%.

4.3 Box 3

Box 3 bevat de inkomsten uit 'sparen en beleggen' en wordt aangeduid als de vermogensrendementheffing. Het bijzondere van de derde Box is dat het geen reëel stelsel is. De inkomsten zijn niet de daadwerkelijke inkomsten uit uw vermogen maar een verondersteld rendement, een zogenaamd forfaitair rendement, van 4%. De heffingsgrondslag van deze Box was tot en met 2010 de gemiddelde waarde van het vermogen, bestaande uit banktegoeden, aandelenkapitaal, obligaties, contant geld, een (tweede) woning en kapitaalverzekeringen. Vanaf 2011 geldt alleen de waarde op 1 januari van het betreffende jaar. Overige bezittingen worden niet tot het kapitaal gerekend (auto, boot en dergelijke) als ze voor eigen gebruik zijn. Een uitzondering hierop zijn kunstvoorwerpen als deze een duidelijk beleggingskarakter hebben. Op de heffingsgrondslag mogen eventuele schulden in mindering gebracht worden, na aftrek van een schuldendrempel van € 2.900.

Tenslotte wordt de zo verkregen heffingsgrondslag verminderd met het heffingsvrij vermogen. Dit bedraagt € 21.139 per persoon. Tot en met 2011 kwam daar € 2.779 (tarief 2011) per minderjarig kind bij. In 2012 is deze vervallen. Ouderen (AOW leeftijd en ouder) kunnen in aanmerking komen voor een extra korting als hun inkomen lager is dan € 19.895.

Over de resterende heffingsgrondslag wordt het forfaitair rendement berekend van 4%. Over deze inkomsten uit 'sparen en beleggen' wordt vervolgens 30% belasting geheven.

4.4 Heffingskortingen

Heffingskortingen zijn kortingen op uw inkomstenbelasting en premie volksverzekeringen. De belasting die u afhankelijk van uw inkomen in de verschillende Boxen zou moeten betalen wordt verminderd met deze heffingen. Afhankelijk van uw persoonlijke situatie heeft u recht op één of meer heffingskortingen. Zo hebben mensen die werken recht op arbeidskorting en mensen met kinderen mogelijk op combinatiekorting. Iedereen heeft recht op de algemene heffingskorting. Voor een overzicht van de heffingskortingen zie hoofdstuk 9.

4.5 Samenvatting

Hiermee komen we aan een overzicht van de drie Boxen. Hierna staat in drie tabellen weergegeven hoe de Boxen samengesteld zijn. Een belangrijke item dat later nog wordt behandeld maar wel al in dit overzicht staat vermeld is de persoonsgebonden aftrek. Hieronder vallen de kosten die gemaakt zijn voor ziekte, studie, alimentatie, giften enzovoort. Deze persoonsgebonden aftrek heeft een Boxoverschrijdend karakter. Zo veel mogelijk wordt in Box 1 op het inkomen in aftrek gebracht. Het eventuele restant wordt afgetrokken in Box 3 en komt desnoods nog in mindering op het inkomen in Box 2. Het dan nog overblijvende deel kan worden meegenomen naar een volgend jaar. Om nu tot het totaal te betalen belastingbedrag te komen worden de belastingbedragen van de drie Boxen bij elkaar opgeteld en daar worden de heffingskortingen van afgetrokken. In een overzicht ziet dat er zo uit:

Box 1: Belastbaar inkomen uit werk en woning x tarief Box 1
Box 2: Belastbaar inkomen uit aanmerkelijk belang x 25%
Box 3: Belastbaar inkomen uit sparen en beleggen x 30%
-- +
Totaal inkomstenbelasting en premie volksverzekeringen
Totaal heffingskortingen
-- -
Verschuldigde inkomstenbelasting en premie volksverzekeringen

De individuele Boxen kunnen ook schematisch weergegeven worden:

BOX 1	Belastbaar inkomen uit werk en woning	Tarief Oplopend tot 52%
BIJ	• Loon, pensioen, sociale uitkeringen enzovoort • Eigen woningforfait • Belaste rente uit kapitaalverzekering eigen woning • Resultaat uit overige werkzaamheden • Winst uit onderneming • Periodieke uitkeringen en verstrekkingen (bijvoorbeeld alimentatie) • Negatieve uitgaven voor inkomstenvoorzieningen • Negatieve uitgaven persoonsgebonden aftrekposten	
AF	• Betaalde hypotheekrente en andere kosten voor de financiering van de eigen woning • Uitgaven voor inkomensvoorzieningen • Reiskosten woon-werk verkeer	
VERREKENEN	• Te verrekenen verliezen uit werk en woning • Persoonsgebonden aftrek	

BOX 2	Belastbaar inkomen uit aanmerkelijk belang	Tarief 25%
BIJ	• Reguliere voordelen uit aanmerkelijk belang • Vervreemdingsvoordelen uit aanmerkelijk belang	
AF	• Kosten die gemaakt zijn om het belang te verwerven • Kosten die gemaakt worden om de rol van aandeelhouder goed uit te oefenen	
VERREKENEN	• Te verrekenen verliezen uit aanmerkelijk belang • Persoonsgebonden aftrek	

BOX 3	Belastbaar inkomen uit sparen en beleggen	Tarief 30%
BIJ	• Voordeel uit sparen en beleggen (4% van de gemiddelde waarde op de twee peildata t/m 2010, van de waarde op 1-1 sinds 2011)	
AF	• Schulden (4% van de gemiddelde waarde op de twee peildata na aftrek drempel of de waarde op 1-1 vanaf 2011)	
VERREKENEN	• Persoonsgebonden aftrek	

4.6   Drempelinkomen en verzamelinkomen

Een tweetal inkomens dat u tijdens de aangifte uitrekent is belangrijk. Ten eerste is dat uw drempelinkomen. Dat is het totaal van inkomsten en aftrekposten van u en uw eventuele fiscale partner in Box 1, 2 en 3, maar *zonder* de persoonsgebonden aftrek. Dit drempelinkomen wordt gebruikt om de drempels te bepalen voor bijvoorbeeld de aftrek giften en ziektekosten.

Het verzamelinkomen is het totaal van uw inkomsten en aftrekposten in de 3 Boxen inclusief de persoonsgebonden aftrek, maar zonder uw verrekenbare verliezen over vorige jaren. Voor bepaalde heffingskortingen en toeslagen mag het verzamelinkomen van u en uw eventuele partner niet meer zijn dan een bepaald bedrag. Dit inkomen wordt ook gebruikt voor het bepalen van het recht op toeslagen (huurtoeslag, kinderopvangtoeslag, zorgtoeslag en kindgebonden budget, vanaf 2015 worden deze samen het huishoudtoeslag). Geef daar dus niet uw (gezamenlijk) bruto inkomen op, maar dit verzamelinkomen.

5 BOX 1

Box 1 bevat het inkomen uit 'werk en woning'. In hoofdstuk 4.1 hebben we al gezien dat dit de inkomsten zijn zoals loon, pensioenen, uitkeringen, ontvangen alimentatie en lijfrentes en (fictieve) inkomsten uit de eigen woning. Ook indien u een auto van de zaak krijgt dient u dit te zien als inkomen dat in Box 1 wordt meegeteld; meestal is dit al door uw werkgever verrekend. Aftrekposten zijn hier kosten die gemaakt moeten worden om op het werk te komen (reiskosten) en kosten die gemaakt worden om te voorzien in toekomstige inkomsten (bijvoorbeeld lijfrentes) en kosten die samenhangen met de financiering van de eigen woning.

In het aangifteprogramma wordt een opdeling gemaakt in drie delen, we zullen de drie delen in de genoemde paragrafen behandelen:
1. werk, woning, reiskosten – paragraaf 5.1, 5.2 en 5.3
2. andere inkomsten – paragraaf 5.4
3. premies lijfrentes e.d. – paragraaf 5.5

5.1 Werk, pensioen en uitkering

De eerste categorie die u kunt kiezen in het aangifteprogramma (menu-structuur aan de linkerkant) is 'Box 1: werk en woning'. We zullen hier eerst ingaan op de werk-elementen uit deze categorie.

De posten die hier worden onderscheiden zijn
- Loon, uitkering Ziektewet en andere inkomsten uit tegenwoordige dienstbetrekking;
- Pensioen, AOW, WAO en andere inkomsten uit vroegere dienstbetrekkingen;
- Vrijgestelde inkomsten uit werkzaamheden bij een internationale organisatie;
- Buitenlandse inkomsten.

Loon

Als u inkomsten heeft uit een tegenwoordige dienstbetrekking, oftewel uw huidige baan, dan dienen die hier opgegeven te worden. Hiervoor heeft u de informatie nodig die staat op de jaaropgave die uw werkgever u verstrekt. De informatie die u nodig heeft zijn het loon dat u heeft ontvangen, de eventuele arbeidskorting die is verrekend en de loonheffing die op uw loon is ingehouden. Deze drie onderwerpen behandelen we hier verder.

Onder loon wordt verstaan al hetgeen dat uit een dienstbetrekking wordt genoten. Dit betekent dat er een causaal verband moet zijn tussen het genoten voordeel en de dienstbetrekking. Het voordeel moet voortvloeien uit de arbeidsverhouding tussen werkgever en werknemer. Dit betekent dat vergoedingen in natura (ook cadeaus) hieronder vallen. Een cadeau dat u krijgt van uw collega's valt daar niet onder. Het loon dat u op uw jaaropgave ziet is niet de optelling van al uw bruto lonen van de maanden in dat jaar. Zo zijn stortingen in het pensioenfonds vrij van belasting en premie. U betaalt belasting als het pensioen gaat uitbetalen. Let op: ook ziektewet uitkeringen vallen onder deze categorie.

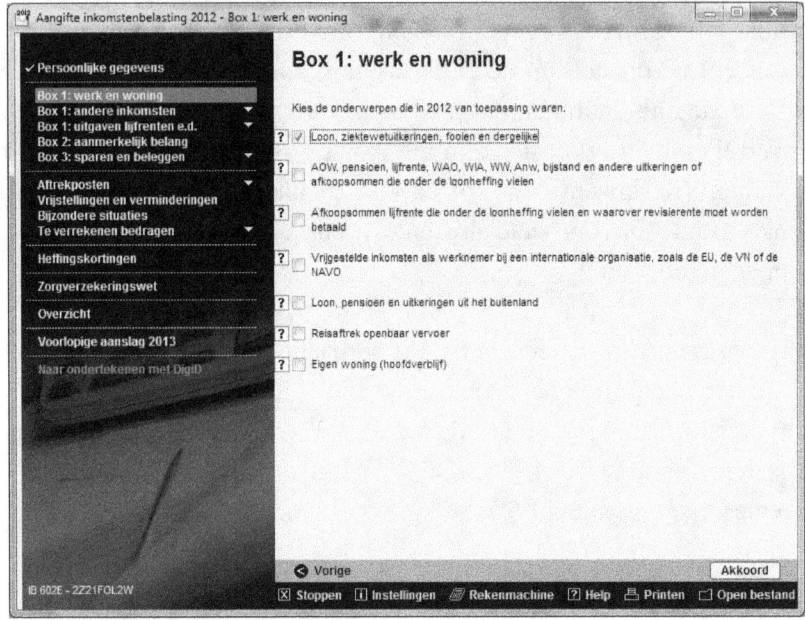

Figuur 9: Kies welke items voor u van toepassing zijn

Pensioen en andere uitkeringen

Krijgt u een uitkering, zoals WW, AOW en ANW of een pensioenuitkering dan moet u ook uw inkomen hier opgeven, maar wel onder het kopje 'AOW, pensioen, lijfrente, WAO…' etcetera. Let hier goed op, want als u het onder 'Loon' opgeeft dan gaat de berekening van de belastingen mis doordat er dan onterecht arbeidskorting wordt toegekend.

Loonheffing

Loonheffing bestaat uit het bedrag dat de werkgever of uitkeringsinstantie aan loonbelasting en premie volksverzekeringen heeft ingehouden op het loon. Hiervoor gebruikt de werkgever premietabellen. U mag ervan uit gaan dat uw werkgever deze loonheffing afdraagt aan de Belastingdienst. Ook al heeft deze dit niet gedaan, dan nog heeft u recht op verrekening met de Belastingdienst van eventueel te veel ingehouden loonheffing. Alleen als u bij een malafide werkgever werkt, dan geldt dit niet.

Arbeidskorting

De arbeidskorting is een korting op de inkomstenbelasting en premie volksverzekeringen en maakt deel uit van de heffingskorting. Het totale overzicht van heffingskortingen wordt later behandeld in hoofdstuk 9. Arbeidskorting wordt alleen gegeven op inkomsten uit tegenwoordige arbeid (Loon, Ziektewet) en wordt berekend als een percentage van deze inkomsten.

Heffingskorting	Jonger dan AOW-leeftijd		AOW-leeftijd en ouder	
Jaar:	2013	2012	2013	2012
Werkbonus	€ 1.100	-	-	-
Maximale arbeidskorting lagere inkomens	€ 1.723	€ 1.611	€ 890	€ 740
Maximale arbeidskorting hogere inkomens	€ 550	€ 1.533	€ 284	€ 704
Doorwerkbonus				
62 jaar 1,5% (5%)	x	€ 719	x	x
63 jaar 6% (7%)	x	€ 2.873	x	x
64 jaar 8,5% (10%)	x	€ 4.070	x	x
65 jaar 2% (2%)	x	x	x	€ 958
66 jaar 2% (2%)	x	x	x	€ 958
67 (e.v.) jaar 1% (1%)	x	x	x	€ 479

Tabel 3: Overzicht arbeidskorting

Een belastingplichtige heeft recht op de werkbonus als hij één van de volgende inkomsten heeft: loon, winst uit onderneming of resultaat uit overige werkzaamheden (arbeidsinkomen) en bij het begin van het kalenderjaar de leeftijd van 60 jaar heeft bereikt maar nog niet de leeftijd van 64 jaar. Het maximum van de werkbonus bedraagt € 1.100 en wordt bereikt bij een inkomen vanaf 100% van het wettelijk minimumloon en loopt door tot 120% van het wettelijk minimumloon. Boven 120% van het wettelijk minimumloon wordt de werkbonus lineair afgebouwd tot nihil bij 175% van het wettelijk minimumloon.

In 2009 is er een nieuwe heffingskorting geïntroduceerd; de doorwerkbonus. De reden van deze nieuwe heffingskorting is om ouderen te stimuleren langer aan het werk te blijven om het dreigende tekort op de arbeidsmarkt enigszins tegen te gaan. Deze bonus was bedoeld voor werkende mensen in de leeftijd van 61 jaar en ouder met een inkomen uit werk van tenminste € 9.295 en maximaal € 57.166. De bestaande arbeidskorting en inkomensafhankelijke combinatiekorting voor ouderen blijft hiernaast ook nog bestaan, deze kortingen komen allen in mindering op de te betalen inkomstenbelasting. Is er bij de loonadministratie geen rekening mee gehouden dan zal deze korting via de aangifte inkomstenbelasting teruggevorderd kunnen worden.

De genoemde bedragen zijn maximumbedragen. De heffingskortingen kunnen lager zijn als de belasting die u (voor de heffingskortingen) moet betalen lager is dan dit maximale bedrag. De algemene heffingskorting die u niet met uw eigen belasting kunt verrekenen, kunt u misschien toch terugkrijgen als uw fiscale partner meer belasting betaalt dan uw restant heffingskorting.

Internationale organisaties

Als u in 2012 voor een internationale organisatie werkte, dan kan het zijn dat uw loon vrijgesteld was van loonbelasting (niet de premies) in Nederland. U heeft deze vrijstelling als u werkte bij bijvoorbeeld:

- de Europese Unie;
- de Verenigde Naties;
- de NAVO;
- het Internationaal Gerechtshof;
- het Europese Octrooibureau.

Dit loon telt niet mee bij het berekenen van uw inkomstenbelasting. Wel tellen deze inkomsten mee bij het bepalen van bijvoorbeeld:
- uw drempel voor de aftrek van ziektekosten en giften;
- uw inkomen voor het bepalen van het recht op heffingskortingen, zoals de kinderkorting en de arbeidskorting.

Buitenlands loon of uitkering

Bijzonder zijn, zoals we al hebben gezegd, buitenlandse pensioenen en andere inkomsten. Hiervoor geldt in veel gevallen een vrijstelling indien in het land van herkomst reeds belasting is betaald. De pensioenen moeten echter wel aangegeven worden. De vrijstelling wordt later in het programma verwerkt.

Invullen

Als u uw verdiensten gaat invullen in het aangifteprogramma, dan heeft u uw jaaropgave nodig die u van uw werkgever of uitkeringsinstantie heeft ontvangen, zie voor een tweetal voorbeelden hierboven. Nu moet u de juiste bedragen invullen. In Figuur 11 wordt er voor inkomsten uit loondienst gevraagd om de naam van de werkgever, Arbeidskorting, Loonheffing en Loon. Bij uitkeringen en afkoopsommen hoeft u geen arbeidskorting op te geven, aangezien u daar dan ook geen recht op heeft.

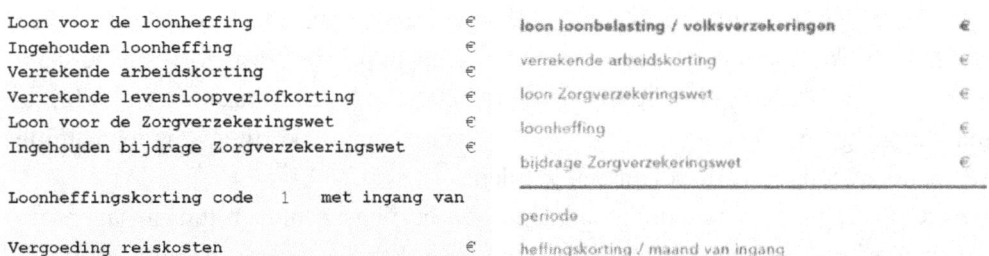

Figuur 10: Voorbeelden jaaropgave

Bij Arbeidskorting vult u het bedrag in dat uw werkgever heeft verrekend, in bovenstaand voorbeeld staat er 'Verrekende arbeidskorting'. Vervolgens de Loonheffing, hierboven vermeld als 'Verrekende loonheffing' en 'loonheffing'. Soms staat er ook 'Loonbel./premie VV', 'ingehouden loonheffing' of 'loonbelasting' vermeld. Het op te geven loon tenslotte staat hierboven vermeld als 'Loon voor de loonheffing' en 'loon loonbelasting/volksverzekeringen'. Ook de termen 'fiscaal loon', kortweg 'loon', 'belastbaar loon' en 'bruto uitgekeerd' komen voor.

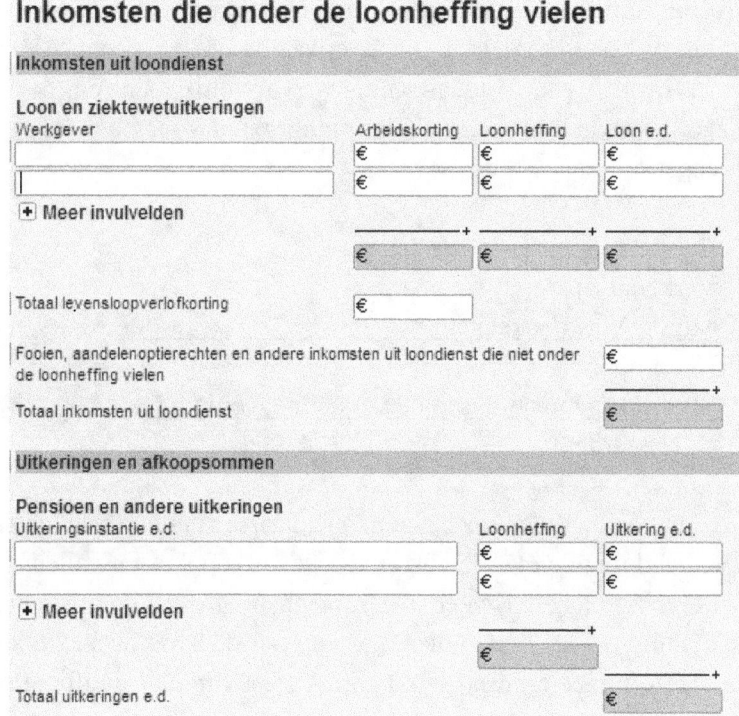

Figuur 11: Invullen inkomensgegevens

5.2 Woning

Het tweede hoofditem in dit invulformulier is de eigen woning. Onder de eigen woning wordt hier een koophuis verstaan waar u ook echt woonachtig bent. Het invulscherm is onderverdeeld in drie onderwerpen:
- Is er iets in uw situatie veranderd?
- Wat is de waarde van de eigen woning, welk (fictief) inkomen geniet u hieruit?
- Welke aftrekbare kosten heeft u gehad?

Iets veranderd?
Als u een huis koopt, verkoopt of geld bijleent voor een verbouwing dan moet u deze wijzigingen doorgeven. De betaalde hypotheekrente is namelijk alleen aftrekbaar indien het geld gebruikt is voor de aanschaf van de woning, de financiering van bepaalde extra kosten of een verbouwing.

Sinds 1 januari 2004 is de bijleenregeling van kracht. Volgens de bijleenregeling moet de overwaarde die vrijkomt bij de verkoop van uw woning weer geïnvesteerd worden in de volgende koopwoning. Deze overwaarde wordt de Eigen Woning Reserve genoemd.

Gebeurt dat niet, dan is er geen renteaftrek mogelijk over het leningbedrag ter grootte van die overwaarde. Dit deel van de lening verhuist naar Box 3.

De eigenwoningreserve ontstaat als de oude woning bij verkoop overwaarde heeft. Als u al een eigenwoningreserve heeft, voegt u de overwaarde hieraan toe. Als u nog geen eigenwoningreserve heeft, is de eigenwoningreserve gelijk aan de overwaarde. De overwaarde is wat u overhoudt als u de eigenwoningschuld voor de oude woning aftrekt van de netto-opbrengst.

Berekening overwaarde:
Verkoopprijs
Minus: Verkoopkosten   -
Netto-opbrengst
Minus: Eigenwoningschuld verkochte woning   -
Overwaarde

Voorbeelden van aan- en verkoopkosten zijn makelaarskosten, overdrachtsbelasting en notariskosten in verband met de overdracht. Onder de verkoopkosten vallen ook de kosten voor het verplichte energielabel. Kosten die samenhangen met de financiering van de woning, zoals de afsluitprovisie en de notariskosten voor de hypotheekakte zijn geen aan- en verkoopkosten. Deze financieringskosten kunt u meestal in de aangifte aftrekken bij de vragen over de eigen woning.

Bij verkoop van uw woning dient uw twee bedragen in te vullen bij uw aangifte: 'Verkoopprijs van de verkochte woning, min de verkoopkosten' hier vult u de hierboven genoemde 'Netto-opbrengst' in, en de 'Eigenwoningschuld voor de verkochte woning'.

VOORBEELD: Jan heeft in 1995 een woning gekocht voor €120.000 (woning 1). De kosten koper bedroegen €10.000. Hij heeft toentertijd een hypotheek afgesloten van €110.000. De rest van de aankoopprijs van de woning heeft hij met eigen geld betaald. Hij lost niet af op zijn hypotheek. Nu koopt hij een andere woning (woning 2) en verkoopt hij woning 1. Woning 1 verkoopt hij voor €150.000. De makelaarskosten i.v.m. de verkoop bedragen €3.000. De koopprijs van woning 2 bedraagt €200.000. De kosten koper bedragen €20.000. Wat zijn de gevolgen voor Jan in verband met de bijleenregeling? Als hij woning 1 verkoopt bedraagt de overwaarde €37.000 (€150.000 minus €3.000 minus €110.000). Over dit bedrag kan geen renteaftrek worden verkregen indien Jan woning 2 volledig zou financieren. Jan wordt volgens de bijleenregeling geacht €37.000 als eigen geld in te brengen. De verwervingskosten van woning 2 bedragen €220.000 (€200.000 + €20.000). Jan kan echter slechts een lening met renteaftrek aangaan voor een bedrag van €183.000 (€220.000 minus €37.000). Zou Jan de €220.000 volledig financieren dan heeft hij over €37.000 (de overwaarde) geen renteaftrek. Dit deel van de lening zou in Box 3 vallen.

Als u uw eigen woning verkocht heeft maar geen nieuwe woning heeft gekocht omdat u bijvoorbeeld ging huren dan heeft u geen eigenwoningschuld meer en wordt de overwaarde van de verkochte woning uw eigenwoningreserve. Als u al een eigenwoningreserve had dan voegt u de overwaarde toe aan de eigenwoningreserve die u al had.

Omdat u geen nieuwe woning heeft gekocht, blijft uw eigenwoningreserve staan. Deze vervalt na 3 jaar of na overlijden. Als u binnen die 3 jaar een nieuwe woning koopt dan telt uw eigenwoningreserve mee bij het bepalen van de maximale eigenwoningschuld waarover u de rente mag aftrekken. Deze termijn is in 2010 verlaagd van 5 jaar naar 3 jaar.

Inkomenselementen

Vervolgens dient te worden opgegeven welke periode u het eigendom had over het huis en voor welk deel. Hiermee wordt een zogenaamd eigenwoningforfait berekend, gebaseerd op de waarde zoals is vastgesteld krachtens de 'Wet waardering onroerende zaken' door de gemeente waar u woont. Deze wet uit 1994 regelt de waardering van alle onroerende zaken in Nederland ten behoeve van de belastingheffing. De andere belastingen waarvoor de 'WOZ'-waarde geldt zijn de onroerend zaak belasting van de gemeente en de waterschapsbelasting. De WOZ-waarde wordt periodiek opnieuw vastgesteld en geldt dan voor een bepaalde periode (een WOZ-tijdvak). Omdat een taxateur niet alle objecten op dezelfde dag kan taxeren en om rechtsgelijkheid te creëren worden alle objecten naar dezelfde "waardepeildatum" getaxeerd.

WOZ-tijdvak:	Geldt voor het jaar:	Waardepeildatum:
5^e	2008	1 januari 2007
6^e	2009	1 januari 2008
7^e	2010	1 januari 2009
8^e	2011	1 januari 2010
9^e	2012	1 januari 2011
10^e	2013	1 januari 2012

Tabel 4: Overzicht WOZ-tijdvakken

In het eerste en tweede WOZ-tijdvak gold de waarde voor een periode van 4 jaar. Een wetswijziging van november 2004 stelde een verkorting van deze periode voor tot 2 jaar (2005-2006) om daarna tot een jaarlijkse herwaardering te komen. Een pilotproject dat in 2004 is uitgevoerd en in 2005 is geëvalueerd heeft uitgewezen dat een jaarlijkse herwaardering haalbaar is onder verschillende voorwaarden. Hierdoor stond niets meer in de weg voor de jaarlijkse herwaardering.

Voor uw aangifte over 2013 heeft u dus de WOZ-beschikking nodig die als waardepeildatum 1 januari 2012 heeft. Dit is de beschikking die u waarschijnlijk begin van het jaar 2013 ontvangen heeft. Vaak staat er op de beschikking vermeld dat het om het belastingjaar 2013 gaat. U moet de periode invullen dat u in de woning heeft gewoond, de postcode en het huisnummer van de woning en de betreffende WOZ-waarde.

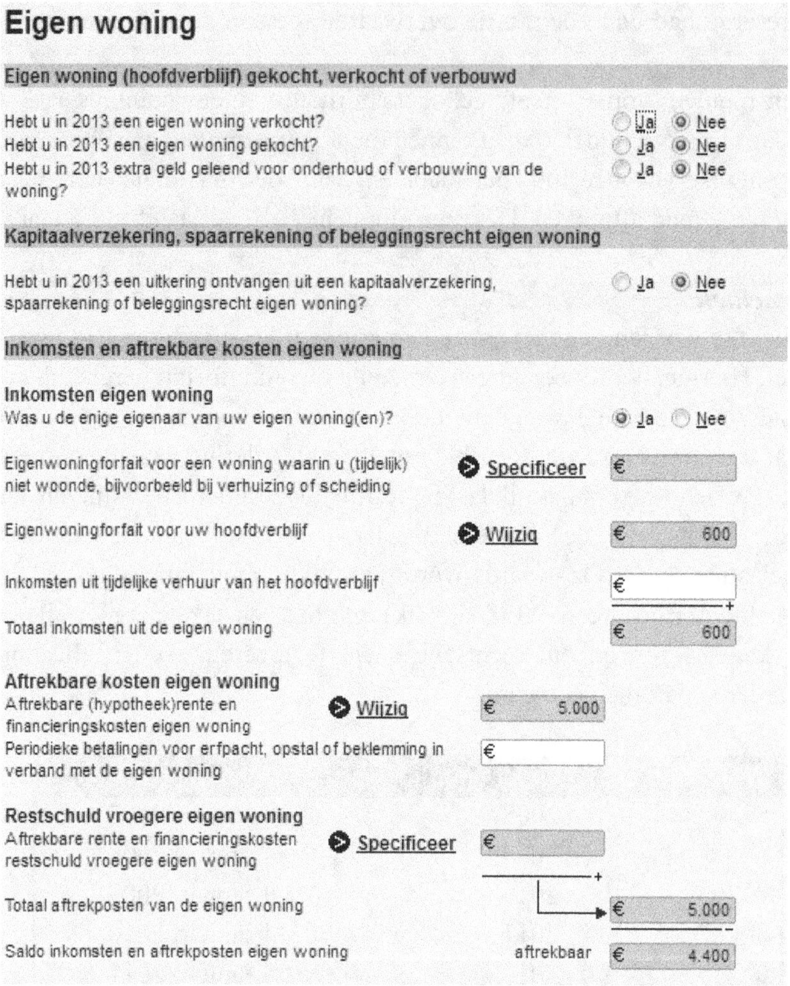

Figuur 12: Invulscherm eigen woning

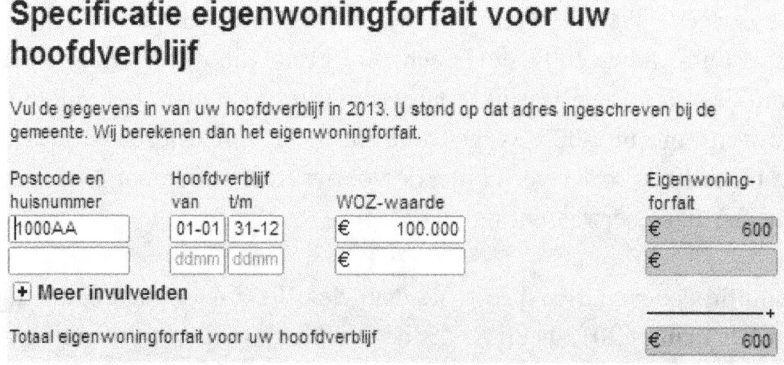

Figuur 13: WOZ waarde invullen

Dit eigenwoningforfait heette eerst het 'huurwaardeforfait' (de oude benaming tot 2001) en is ingevoerd als fictief inkomen. In de jaren negentig bedacht men in Den Haag dat iemand die een eigen woning bezit, deze ook zou kunnen verhuren. Bij verhuur zou men inkomen kunnen genereren en daarover zou men dan belasting moeten betalen. De invoering stuitte op verzet. Eigenwoningbezitters moesten nu immers belasting gaan betalen over inkomen dat ze helemaal niet hadden, men verhuurde de woning tenslotte niet maar woonde er zelf - van inkomen was dus geen sprake. Maar het feit dat men zelf in de woning woonde en deze helemaal niet verhuurde deed niet ter zake volgens de overheid: wie een eigen woning had kreeg een fiscale bijtelling bij het inkomen. Omdat de informatie afkomstig van de overheid summier en ingewikkeld was, is het verzet tegen de invoering van het huurwaardeforfait beperkt gebleven. Jaren na invoering is een groot deel van de Nederlanders nog steeds onbekend met de strekking van het eigenwoningforfait.

Inmiddels is het 'huurwaardeforfait' sinds 2001 dus hernoemd tot 'eigenwoningforfait', inhoudelijk veranderde er niets. Het heet nu dat eigenwoningbezitters de belasting moeten betalen omdat zij woongenot hebben én gebruik kunnen maken van hypotheekrenteaftrek. Op zich is de redenering dat het eigenwoningenforfait de hypotheekrente compenseert niet logisch. Hypotheekrenteaftrek bestond al ruim 20 jaar vóór het bestaan van het eigenwoningforfait en is ooit ingevoerd om eigenwoningbezit te stimuleren. Daarmee blijft staan dat het eigenwoningforfait een (fictieve) verhoging van het inkomen uit werken en wonen is en wordt er nog steeds inkomstenbelasting betaald over inkomen dat men in werkelijkheid niet heeft.

Eerder is aangegeven dat onder 'eigen woning' een koophuis verstaan waar u ook echt woonachtig. Een tweede woning valt in principe als vermogen in Box 3, net als een eerste woning waar u niet woonachtig bent, doordat u deze bijvoorbeeld heeft verhuurd en zelf in een huurhuis woont. In bijzondere situaties vallen deze woningen tijdelijk toch onder de eigenwoningregeling. Hierdoor kunt u bijvoorbeeld de hypotheekrente blijven aftrekken. Dit geldt in de volgende situaties:
- U verhuisde naar een andere woning, uw oude woning stond sindsdien leeg en was nog niet verkocht;
- U had een andere woning en u ging er niet direct in wonen en deze woning stond leeg of was nog in aanbouw;
- U verliet uw eigen woning en uw voormalige fiscale partner is in de woning blijven wonen;
- U was opgenomen in een AWBZ-instelling (zoals een verzorgingshuis of een verpleeghuis);
- U was tijdelijk uitgezonden of overgeplaatst waardoor uw woning leegstond.

Het aangifteprogramma van de Belastingdienst geeft speciale invulmogelijkheden indien één van bovenstaande gevallen voor u geldt.

In de onderstaande tabel vindt u het eigenwoningforfait dat bij de waarde van uw woning hoort.

Waarde van de woning		Eigenwoningforfait
meer dan	niet meer dan	
€ 0	€ 12.500	0%
€ 12.500	€ 25.000	0,20%
€ 25.000	€ 50.000	0,35%
€ 50.000	€ 75.000	0,45%
€ 75.000	€ 1.040.000	0,60%
€ 1.040.000	-	€ 6.240 + 1,55% van de waarde van de woning boven € 1.020.000

Tabel 5: Overzicht WOZ tarieven

Een kapitaalverzekering van een spaarhypotheek, levenhypotheek of beleggingshypotheek die aan bepaalde voorwaarden voldoet, wordt een kapitaalverzekering eigen woning (KEW) genoemd. Een KEW valt in Box 1; u geeft de waarde ervan dus niet aan in Box 3. Als u in 2013 een uitkering heeft ontvangen uit een KEW, dan moet u het belaste deel van de uitkering aangeven. Voor de in 2013 ontvangen uitkering gelden onder voorwaarden vrijstellingen de volgende vrijstellingen:
- Bij 15 tot en met 19 jaar premiebetaling is de vrijstelling € 35.700;
- Bij minimaal 20 jaar premiebetaling is de vrijstelling € 157.000.

Verder geldt het volgende:
- De vrijstelling is nooit hoger dan de eigenwoningschuld voor de eigen woning op het tijdstip van de uitkering;
- Uw totale vrijstelling is nooit meer dan € 157.000;
- De vrijstelling geldt voor de hele uitkering, dus voor de premies én het rendement samen;
- U heeft in uw leven eenmaal recht op een vrijstelling van € 157.000. Als u deze vrijstelling niet helemaal kunt gebruiken, omdat de kapitaalsuitkering of de schuld bijvoorbeeld maar € 100.000 was, dan heeft u nog € 57.000 over voor een volgende keer. Het bedrag van de vrijstelling wordt jaarlijks verhoogd voor de inflatie.

Als u een huis met uw fiscale partner kocht, heeft u allebei recht op deze vrijstelling. Bij minimaal 20 jaar premiebetaling heeft u samen dus maximaal recht op 2 x € 157.000 = € 314.000. U moet dan wel beiden voor de helft begunstigde zijn van de uitkering. Was de uitkering hoger dan het bedrag van de vrijstelling? Dan wordt van het deel van de uitkering dat boven de vrijstelling uitkomt, het rentebestanddeel belast.

Als de KEW uitkeert bij overlijden van de fiscale partner, wordt de vrijstelling van de langstlevende partner verhoogd met het bedrag dat de overleden partner tijdens zijn leven nog niet in aanmerking heeft kunnen nemen. De verhoging is echter nooit meer dan het bedrag dat wordt uitgekeerd.

Had u een KEW die is afgesloten vóór 1 januari 1992 waarvan u het verzekerde kapitaal na 31 december 1991 niet heeft verhoogd, en u heeft deze verzekering per 1 januari 2001 omgezet in een kapitaalverzekering eigen woning? Het bedrag van uw maximumvrijstelling in Box 1 (€ 157.000) wordt dan verhoogd met de waarde die uw kapitaalverzekering op 1 januari 2001 had. De totale vrijstelling is echter nooit meer dan het bedrag van de eigenwoningschuld.

Als u in aanmerking wilt komen voor de vrijstelling, moet een KEW aan de volgende voorwaarden voldoen:
- De verzekering is afgesloten bij een levensverzekeringsmaatschappij, dus niet bijvoorbeeld bij een eigen B.V. of bij een particulier;
- In de polis van de verzekering staat dat de uitkering gebruikt zal worden om de eigenwoningschuld van de eigen woning af te lossen;
- De verzekering heeft een looptijd van minimaal 15 jaar of tot het overlijden van de verzekerde;
- De premies worden ieder jaar betaald. De hoogste premie op jaarbasis mag niet meer zijn dan tienmaal de laagste premie op jaarbasis;
- De verzekering geeft recht op een eenmalige kapitaalsuitkering bij leven of overlijden van de verzekeringnemer, zijn echtgenote of degene met wie hij duurzaam een gezamenlijke huishouding voert. Een uitkering bij leven tot het bedrag van de vrijstelling van € 33.500 in combinatie met een tweede uitkering na 20 jaar premiebetaling is echter toegestaan;
- De eigen woning is eigendom van de verzekeringnemer, zijn echtgenote of degene met wie hij duurzaam een gezamenlijke huishouding voert.

Sinds 2008 kunt u met een geblokkeerde spaarrekening eigen woning sparen voor de aflossing van de eigenwoningschuld. Deze spaarrekening sluit u af bij een bank. Daarom wordt deze spaarvorm ook wel 'banksparen' genoemd. Onder een spaarrekening eigen woning kan ook een beleggingsrecht eigen woning vallen. Een 'spaarrekening eigen woning (SEW)' valt in Box 1. U geeft de waarde ervan dus niet aan in Box3. U moet dan wel aan de voorwaarden voldoen. Voor de SEW betaalt u, in tegenstelling tot de kapitaalverzekering, geen premies. U spaart op een geblokkeerde rekening voor de aflossing van uw eigenwoningschuld.
Net als bij de KEW geldt voor de SEW een vrijstelling bij aflossing van uw eigenwoningschuld met het geld van deze rekening. Over de opgebouwde rente hoeft u dan geen belasting te betalen. Het belaste deel van een spaarrekening eigen woning moet bij overlijden van de rekeninghouder of de eigenaar worden aangegeven in de aangifte van die rekeninghouder of eigenaar.

Het bedrag waarover u vrijstelling krijgt, is niet hoger dan uw eigenwoningschuld, en ook niet hoger dan € 157.000. Deze vrijstelling geldt voor uw spaarrekening eigen woning en uw eventuele kapitaalverzekering eigen woning samen. Als u getrouwd bent of samenwoont, hebben u en uw partner allebei recht op het vrijstellingsbedrag. U moet dan wel allebei zelfstandig begunstigde zijn van de uitkering waarvoor u vrijstelling wilt.

Zowel de SEW als de KEW kunnen sinds 1 januari 2013 niet meer nieuw afgesloten worden. De nieuwe hypotheek dient immers tijdens de looptijd afgelost te worden. Bovenstaande regeling geldt dus voor bestaande gevallen op 1-1-2013.

Als u uw woning verhuurt, dan valt deze meestal in Box 3. Als u alleen een kamer verhuurt, dan gelden er andere regels. Als de huur die u ontving niet hoger was dan € 4.410, de kamer geen zelfstandige woning vormt en de huurder ingeschreven staat bij de gemeente op uw adres, dan is de ontvangen huur niet belast. Het gaat om de huur inclusief een eventuele vergoeding voor het gebruik van meubilair, energie en dergelijke. De gehele hypotheek blijft dan ook bij u aftrekbaar.

Als u niet aan de voorwaarden voldoet, valt het verhuurde deel van uw woning in Box 3. U moet dan de waarde van het gedeelte dat u verhuurde en een naar verhouding even groot deel van de eventuele eigenwoningschuld aangeven in Box 3 bij 'Onroerende zaken'. De (hypotheek)rente voor het verhuurde deel mag u dan niet aftrekken.

Aftrekbare elementen

Aftrekbaar bij de eigenwoning zijn de kosten die gemaakt worden bij het aangaan van een geldlening (hypotheek), de betaalde rente en eventuele betaalde gelden voor erfpacht, of voor het recht op opstal of beklemming. Er wordt meestal gesproken over hypotheek, maar in principe voldoet elke lening die is afgesloten voor aanschaf, onderhoud en verbetering van de eigenwoning; er hoeft niet noodzakelijk hypotheekrecht gevestigd te zijn. Ook een lening bij familie kan recht geven op renteaftrek.

Erfpacht, recht op opstal en recht op beklemming zijn zogenaamde zakelijke rechten die iemand op onroerend goed kan hebben. Erfpacht is een vorm van pacht waarbij de pacht niet eindigt als de verpachter sterft. De erfpachthouder heeft daardoor in economische zin een positie die nagenoeg gelijk is aan de positie van de eigenaar en wordt daarom ook fiscaal gelijk gesteld aan eigendom. Hij heeft ook het recht de grond die hij in erfpacht heeft te voorzien van een opstal (bebouwing) en deze opstal (inclusief het erfpachtrecht) te verkopen.

Doorgaans wordt een opstalrecht gevestigd wanneer de huurder van grond daarop een gebouw plaatst. Indien dat niet zo zou zijn zou de eigenaar van de grond ook eigenaar van het gebouwde worden. Beklemming is een vorm van erfpacht die alleen in Groningen voorkomt.

Kosten die u maakt voor het afsluiten van een hypotheek (hypothecaire lening) mag u aftrekken:

- notariskosten en de kadastrale rechten voor de hypotheekakte;
- afsluitprovisie, afsluit- en advieskosten. Hiervoor geldt: u mag niet meer dan 1,5% van de schuld en maximaal € 3.630 aftrekken. Het overgebleven deel kunt u vanaf het volgende jaar tijdens de looptijd van de lening jaarlijks in gelijke delen aftrekken; afsluitprovisie is sinds 2013 verboden;
- taxatiekosten (alleen voor het verkrijgen van een lening);
- bemiddelingskosten en de kosten van de aanvraag van Nationale Hypotheek Garantie;
- rente van leningen voor financiering van kosten die samenhangen met de koop, verbetering of onderhoud van uw woning, bijvoorbeeld notariskosten.

Bij 'Specificatie aftrekbare (hypotheek)rente en financieringskosten eigen woning' kunt u deze aftrekbare kosten invullen. Eerst de informatie over de geldleningen, de hoogte van de lening en de betaalde rente. Vervolgens de overige aftrekbare kosten, zoals de notariskosten en afsluitkosten. Niet aftrekbaar zijn bijvoorbeeld:
- aflossing van de eigenwoningschuld;
- overdrachtsbelasting en omzetbelasting;
- notariskosten en kadastrale rechten voor de koopakte;
- kosten van onderhoud en verbetering. Voor een rijksmonumentenpand kunt u onder voorwaarden een aftrek krijgen.

U mag de rente die u betaalt over uw hypotheekschuld aftrekken. In principe geldt dat het bedrag het aankoopbedrag, de afsluitprovisie en de overdrachtsbelasting mag omvatten. Over hogere hypotheken of tweede hypotheken die voor consumptieve doeleinden zijn afgesloten, mag de rente niet worden afgetrokken. Uitzondering hierop is dat als de hypotheekschuld op uw woning al bestond op 31 december 1995, u de rente van deze hypotheekschuld geheel mag aftrekken. Dit geldt ook als u de lening niet heeft gebruikt voor het kopen van de woning of voor de verbetering of het onderhoud van de woning. Voorwaarde is dat de hypotheekschuld nog op dezelfde woning rust en dat de woning nog steeds uw eigen woning is. Ook boeterente die u betaalt bij het oversluiten van een hypotheek (tegen een lagere rente) is aftrekbaar. Dit wordt namelijk gezien als in een keer betaalde toekomstige rente over de hypotheek.

Sinds enkele jaren gelden nieuwe regels bij het bepalen van de hoogte van het bedrag waarover u de rente mag aftrekken als u uw huis met overwaarde heeft verkocht. Zo moet nu bij verkoop van de woning de overwaarde van het huis worden gebruikt voor de aankoop van een eventueel nieuw huis en mag over dit bedrag geen hypotheekrente afgetrokken worden. Dit is de zogenaamde eigenwoningreserve.

Van een verhuurd huis mag u de hypotheekrente niet aftrekken. Sinds 1 januari 2010 kan de hypotheekrenteaftrek voor de te koop staande voormalige eigen woning opnieuw gelden na een periode van tijdelijke verhuur. De hypotheekrente kan na de verhuur nog worden afgetrokken tot maximaal de resterende termijn van de verhuisregeling. Deze regeling geldt tot en met het jaar 2013.

Specificatie aftrekbare (hypotheek)rente en financieringskosten eigen woning

Let op!
U mag alleen de (hypotheek)rente aftrekken voor het deel van de hypotheek of schuld dat wij tot uw eigenwoningschuld rekenen.

Aftrekbare (hypotheek)rente

Omschrijving (hypotheek)schuld	Nummer	Eigenwoning-schuld op 31-12-2013	Aftrekbare (hypotheek)-rente
Hypotheek	123456	€ 100.000	€ 5.000
		€	€

[+] Meer invulvelden

Totaal eigenwoningschuld en aftrekbare (hypotheek)rente   € 100.000   € 5.000

Aftrekbare financieringskosten, bijvoorbeeld de afsluitprovisie

Omschrijving	Bedrag
	€
	€

[+] Meer invulvelden

Totaal aftrekbare financieringskosten   €

Totaal aftrekbare (hypotheek)rente en financieringskosten eigen woning   € 5.000

Figuur 14: Invullen aftrekbare kosten

Nieuwe regels vanaf 2013

Vanaf 2013 gelden nieuwe regels voor de aftrek van hypotheekrente bij leningen die op of na 1 januari 2013 worden gesloten. Vanaf 1 januari 2013 moeten huiseigenaren nieuwe leningen in maximaal 30 jaar volledig en ten minste annuïtair (maandelijkse een vast bedrag) aflossen. Pas dan heeft de huiseigenaar nog recht op hypotheekrenteaftrek.

Bij een aflossingsvrije lening vervalt het recht op hypotheekrenteaftrek. Dit geldt ook als gelijktijdig wordt gespaard voor de (gedeeltelijke) aflossing na maximaal 30 jaar.

Voor bestaande leningen blijft de hypotheekrenteaftrek onveranderd. Dit geldt ook als iemand een hypotheek oversluit. Als een huiseigenaar een bestaande lening ophoogt (bijvoorbeeld voor verbouwing), dan gelden de nieuwe regels wel voor het extra bedrag dat hij bijleent.

Overige maatregelen voor de woningmarkt zijn onder meer:
- Dubbele hypotheekrenteaftrek (voor een woning die te koop staat en de nieuwe woning) blijft mogelijk in 2013, maar de termijn wordt verlaagd van 3 naar 2 jaar.
- Vanaf 1 januari 2013 komen nieuw gesloten kapitaalverzekeringen en spaarrekeningen voor de eigen woning niet meer in aanmerking voor de vrijstelling in Box 1.

Restschuld

Als u na 28 oktober 2012 uw eigen woning heeft verkocht voor een lager bedrag dan dat de eigenwoningschuld voor deze woning was en daarom nog een restschuld heeft, dan mag u de rente en financieringskosten van deze restschuld aftrekken. Het maakt hierbij niet uit of u een andere woning koopt of een huis gaat huren. Om de rente mogen aftrekken, bent u ook niet verplicht de schuld af te lossen. Hiervoor is in het aangifteprogramma voor 2013 een extra invulmogelijkheid gecreëerd.

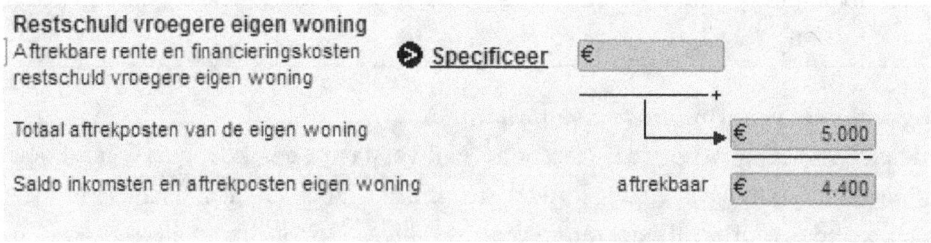

Figuur 15: Invulmogelijkheid restschuld vroegere eigen woning

Saldobepaling

Tenslotte wordt het saldo bepaald van de inkomsten en kosten van de eigen woning. Daarbij geldt dat bij een positief saldo (de opbrengsten zijn hoger dan de kosten) dit wordt gecompenseerd door een vrijstelling. Dit is gedaan om het aflossen van de hypotheek aan te moedigen. Het kan hierdoor voordeliger zijn vanaf een bepaalde hypotheekschuld deze geheel af te lossen. Let wel op dat dit gevolgen heeft voor de eigenwoningreserve.

Scenario 1: Niet aflossen	Bedrag	Scenario 2: Wel aflossen	Bedrag
Box 1		Box 1	
Hypotheeklening	€ 8000	Hypotheeklening	€ 0
Rentekosten (A)	€ 400	Rentekosten (A)	€ 0
EW Forfait (B)	€ 900	EW Forfait (B)	€ 900
Saldo inkomsten (B-A)*	€ 0	Saldo inkomsten (B-A)*	€ 0
Netto rentekosten (C) =A- (42% x max(0,A-B))	€ 400	Netto rentekosten (C) = A- (42% x max(0,A-B))	€ 0
Box 3		Box 3	
Kapitaal	€ 115000	Kapitaal	€ 107000
Rendement (D)	€ 875	Rendement (D)	€ 2675
Rendementsheffing (E)	€ 1126	Rendementsheffing (E)	€ 1030
Netto Box 3 rendement (D-E) (F)	€ 1748	Netto Box 3 rendement (D-E) (F)	€ 1645
Netto resultaat Niet Aflossen	€ 1348	Netto resultaat aflossen (F-C)	€ 1645
		Netto resultaat niet aflossen	€ 1348 -
		Besparing door aflossen	€ 296

Tabel 6: Voorbeeld wet Hillen

> **VOORBEELD:** Een persoon heeft een resterende hypotheeksom van € 8000. Hierover wordt € 402 rente betaald. De woning heeft een WOZ waarde van € 150.000, wat resulteert in een eigenwoningforfait van € 900. Deze persoon betaalt over de top van het inkomen 42% belasting en heeft een vermogen in Box 3 van € 115.000. Hierover wordt met een spaarrekening 3% rendement gehaald. We kijken in Tabel 6 naar de berekening van de twee scenario's. We zien hier dus dat aflossen een besparing oplevert van € 296. De gemiste rente op het kapitaal en de eventueel gemiste aftrekbare hypotheek rente worden gecompenseerd door de beperking van het eigenwoningforfait.

Bepaling wanneer een woning de eigen woning is

Onder de eigen woning wordt zoals eerder gezegd verstaan: 'een koophuis waar u ook echt woonachtig bent'. Dit is geen erg duidelijke omschrijving en daar is dus ruimte voor interpretatie. Een voorbeeld hiervan geven we hier. Op dit moment bewoont u een huurhuis in Nederland, dat is uw hoofdadres. Nu heeft u een appartement gekocht in Duitsland waar u van vrijdagavond tot maandagmorgen verblijft. Geldt dit appartement voor de belastingdienst als eigen woning? Of moet u de waarde aangeven bij Box 3?

Om fiscaal te worden gezien als eigen woning is het niet alleen van belang of een huis of appartement uw eigendom is, maar ook of het uw hoofdverblijf is. Alleen hypotheekkosten van uw hoofdverblijf kunnen namelijk in Box 1 worden afgetrokken. Woningen die uw eigendom zijn maar niet uw hoofdverblijf, moet u aangeven in Box 3.

U mag niet zelf kiezen welke woning uw hoofdverblijf is. De fiscus kijkt om te bepalen wat uw hoofdverblijf is, naar de werkelijke toestand. Waar ligt het centrum van uw maatschappelijke, sociale en economische belangen?

Welk van uw twee woningen uw hoofdverblijf is, kan dus zonder de omstandigheden te kennen, niet gezegd worden. Op het eerste gezicht maakt uw huurwoning de meeste kans want daar woont u het langst en bent u het meest, maar wanneer u feiten en omstandigheden kunt aanvoeren die maken dat het centrum van uw leven in Duitsland ligt (bijvoorbeeld: uw vrouw en kinderen wonen in Duitsland en de kinderen gaan daar naar school, u gebruikt het huurhuis alleen als pied a terre, alle sportclubs waarvan u lid bent bevinden zich in Duitsland etc. etc.) dan kan de fiscus concluderen dat het appartement, ondanks dat u daar alleen in het weekend bent, toch uw hoofdverblijf is.

Wanneer het appartement niet uw hoofdverblijf is zult u de WOZ-waarde van het appartement moeten aangeven in Box 3. De eventuele schuld die u bent aangegaan om het appartement te kopen geeft u ook aan in Box 3.

5.3 Reiskosten

De kosten die u maakt om op uw werk te komen (woon-werk-verkeer) mag u onder bepaalde voorwaarden aftrekken. Ten eerste geldt dat het alleen mag als u met het openbaar vervoer reist en dit kunt aantonen. Dit aantonen kan met een abonnement, of met de losse vervoersbewijzen in combinatie met een verklaring van uw werkgever. Met deze 'openbaar-vervoersverklaring' verklaart de werkgever dat u inderdaad met het openbaar vervoer naar het werk komt.

Ten tweede geldt dat niet de werkelijk kosten kunnen worden afgetrokken, maar de kosten volgens een tabel. Met de tabel kunt u, afhankelijk van de enkele-reis afstand en het aantal dagen per week dat u naar uw werk reist, het bedrag bepalen. Het aangifteprogramma van de Belastingdienst berekent dit vanzelf. De vaste bedragen die gelden voor de reisaftrek kunt u vinden in de tabel Reisaftrek openbaar vervoer. Als u een vergoeding krijgt van de werkgever dan moet u dit bedrag verrekenen met het bedrag dat uit de tabel volgt. Waar in de tabel (*) staat geldt dat de reisaftrek openbaar vervoer in dat geval 0,23 per kilometer enkele reis afstand is, maal het aantal dagen dat u in 2013 heeft gereisd. De aftrek is maximaal € 2036.

Verder geldt natuurlijk dat uw werkgever een belastingvrije vergoeding mag geven voor woon-werkverkeer. Dit mag 19 cent per kilometer zijn, ook indien u met de fiets komt. Daarnaast gelden er fietsregelingen, waarbij door een werkgever een fiets belastingvrij mag worden verstrekt aan de werknemer.

U reisde per week: (Enkele-reisafstand)					
meer dan	niet meer dan	4 of meer dagen	3 dagen	2 dagen	1 dag
0 km	10 km	-	-	-	-
10 km	15 km	€ 436	€ 327	€ 218	€ 109
15 km	20 km	€ 582	€ 437	€ 291	€ 146
20 km	30 km	€ 974	€ 731	€ 491	€ 244
30 km	40 km	€ 1207	€ 906	€ 604	€ 302
40 km	50 km	€ 1574	€ 1181	€ 787	€ 394
50 km	60 km	€ 1751	€ 1314	€ 876	€ 438
60 km	70 km	€ 1943	€ 1458	€ 972	€ 486
70 km	80 km	€ 2008	€ 1506	€ 1004	€ 502
80 km	90 km	€ 2036	€ 1527	€ 1018	€ 509
90 km	-	€ 2036	*	*	*

Tabel 7: Reisaftrek openbaar vervoer.

5.4 Andere inkomsten

Onder andere inkomsten valt een aantal categorieën die we hier kort bespreken.

Periodieke uitkeringen

Er is sprake van een periodieke uitkering als de uitkering een onderdeel is van een reeks van uitbetalingen waarbij bij aanvang de grootte van en/of het aantal termijnen afhankelijk is van een onzekere gebeurtenis. Hierbij kan worden gedacht aan de studiebeëindiging, hertrouwen van een alimentatie-gerechtigde of het tijdstip van iemands overlijden.

Voorbeelden van periodieke uitkeringen zijn:
- alimentatie;
- jaarlijkse subsidie voor een eigen woning;
- studietoelage (niet de uitkeringen die onder de Wet Studiefinanciering vallen);
- lijfrentes die niet onder de loonheffing vallen.

Bij het laatste punt het volgende. Indien over de lijfrente reeds bij aankoop/inleg inkomstenbelasting is ingehouden dan wordt deze bij 'Pensioen e.d.' aangegeven.

Opbrengsten uit overige werkzaamheden

Hieronder vallen bijvoorbeeld bijverdiensten of inkomsten als freelancer, alfahulp, artiest of beroepssporter. Er moet hierbij gelden dat het geen opbrengsten uit een bedrijf zijn en dat op de opbrengsten geen loonheffing is ingehouden. De term 'opbrengsten' houdt in dat u de werkelijke verdiende bedragen mag nemen en daar de kosten die gemaakt zijn voor het verwerven van deze inkomsten van mag aftrekken.

Inkomsten door het ter beschikking stellen van vermogensbestanddelen

De Terbeschikkingstellingsregeling (TBS) is een Nederlands fiscaal regime, waaronder iemand valt wanneer hij vermogensbestanddelen ter beschikking stelt aan een vennootschap of een onderneming van een met hem verbonden persoon. Hieronder vallen grofweg zijn fiscale partner plus een aantal personen met wie hij nauwe financiële banden onderhoudt. Met betrekking tot vennootschappen gaat het dan om vennootschappen waarin een (met hem verbonden persoon) een aanmerkelijk belang heeft. Het vermogensbestanddeel, dat normaliter in Box 3 valt (met een vermogensrendementsheffing van 1,2% van de waarde), valt nu in Box 1 (progressief tarief). Van het bestanddeel moet een balans worden opgemaakt, waarbij het resultaat uit de werkzaamheid aangegeven dient te worden.

TBS is ingevoerd bij de belastingherziening van 2001 als een antimisbruikmaatregel. Het beoogt te voorkomen dat ondernemers vermogensbestanddelen, die normaal in Box 1 (winst uit onderneming) belast worden, in Box 3 geplaatst worden waar ze aan een milde 1,2% heffing onderworpen zijn. Bovendien mag de onderneming wel de kosten van het ter beschikking stellen, een verbruiksvergoeding, aftrekken. Om dit soort aan-jezelf-verhuur-constructies te voorkomen, is bij de belastingherziening van 2001 het TBS-regime ingevoerd.

Terugontvangen bedrag

Bij de zogenaamde persoonsgebonden aftrekposten (volgen in volgende paragrafen en hoofdstukken) kan het zijn dat er in een jaar een bedrag wordt afgetrokken, terwijl in het jaar later dat bedrag (alsnog) wordt teruggekregen of er een vergoeding wordt gekregen voor dat bedrag. Een voorbeeld hiervan is een verlate betaling door een ziektekostenverzekering door een juridisch geschil. Dit (achteraf) ten onrechte afgetrokken bedrag dient dan als inkomsten worden aangegeven bij deze post. Het bedrag moet worden aangegeven door de persoon die het heeft afgetrokken.

Onverdeelde boedel

Als u samen met een of meer anderen een erfenis krijgt, kan het zijn dat deze erfenis pas later wordt verdeeld onder de erfgenamen. In de periode dat u samen met anderen recht had op de onverdeelde erfenis, is er sprake van een onverdeelde boedel. Ook bij echtscheiding kan er sprake zijn van een onverdeelde boedel.

De erfgenamen of rechthebbenden moeten ieder hun eigen deel van (de inkomsten uit) de onverdeelde boedel aangeven. Behoort bijvoorbeeld een spaarrekening tot de onverdeelde boedel? Dan geeft u uw deel van de spaarrekening aan in Box 3 als 'spaartegoed'.

Het kan zijn dat er na het overlijden (postuum) loon of een uitkering is uitbetaald. Dan moet u uw deel aangeven als 'inkomsten uit (tegenwoordige of vroegere) dienstbetrekking'. Is het loon of de uitkering vermeld in de jaaropgaaf van de overledene? Dan kunt u er ook voor kiezen deze inkomsten aan te geven in de aangifte van de overledene.

5.5 Premie lijfrentes e.d.

Er zijn verschillende mogelijkheden om uzelf of een ander te verzekeren van extra inkomen in bepaalde situaties. Een bekend voorbeeld is de lijfrentepolis, die u kunt afsluiten om extra inkomen vanaf uw pensionering te krijgen. Andere voorbeelden zijn: een nabestaandenlijfrente of een particuliere verzekering voor inkomsten als u arbeidsongeschikt wordt. Als u premies voor dit soort verzekeringen betaalde, zijn die onder bepaalde voorwaarden aftrekbaar. Er worden voorwaarden gesteld aan:
1. de instantie waaraan de betalingen worden gedaan;
2. aan het contract of de polis zelf;
3. aan het soort lijfrente;
4. aan de reeds aanwezige voorzieningen in combinatie met de hoogte van uw inkomen.

Deze voorwaarden worden besproken in de volgende paragrafen.

Instantie

Voor de instantie waaraan de betalingen worden gedaan geldt dat dit een in Nederland gevestigde professionele verzekeraar moet zijn, danwel een in Nederland gevestigd professioneel pensioenfonds.

Contract

Het contract of de polis moet bevestigen dat er aan de volgende voorwaarden wordt voldaan:
- De uitkeringen moeten in regelmatige termijnen van gelijke omvang plaatsvinden;
- Er moet een clausule worden opgenomen dat de polis niet kan worden afgekocht;
- Het moet een zuivere of gerichte lijfrente zijn. Een zuivere lijfrente is een direct ingaande of uitgestelde lijfrente, waarvan vanaf de ingangsdatum van de overeenkomst

zowel de hoogte van de termijnen als het verzekerde lijf vaststaat. Een gerichte lijfrente is een uitgestelde lijfrente op het leven van één of meer vooraf aangewezen verzekerden, waarvan de hoogte van de termijnen bij het afsluiten van de overeenkomst nog niet vaststaat, maar bij ingang van de termijnen wordt bepaald aan de hand van het opgebouwd lijfrentekapitaal. Het lijfrentekapitaal fungeert slechts als rekeneenheid en mag niet in contanten worden uitgekeerd.

Soort lijfrente

Slechts vier soorten lijfrentes komen voor premieaftrek in aanmerkingen.

- Oudedagslijfrente: de lijfrente-uitkeringen komen alleen toe aan de premiebetaler zelf en mogen uitsluitend bij diens overlijden eindigen. De termijnen moeten uiterlijk ingaan 5 jaar na het jaar waarin de premiebetaler de AOW-leeftijd bereikt.
- Nabestaandenlijfrente: de lijfrente gaat in bij het overlijden van de premiebetaler zelf of diens (ex-) fiscale partner. Bij begunstiging aan een direct familielid (bijv. kind, klein- of pleegkind, broer, zuster) moet een tijdelijke lijfrente uiterlijk eindigen zodra de begunstigde 30 jaar wordt. Voor begunstiging aan de huwelijkspartner en anderen buiten de directe familiekring geldt deze beperking niet.
- Overbruggingslijfrente: de lijfrente komt uitsluitend aan de premiebetaler toe en eindigt in het jaar dat hij met pensioen gaat (of overlijdt, als dat eerder is), maar uiterlijk in het jaar dat hij de AOW-leeftijd bereikt. Vanaf 2006 is afsluiten van deze vorm van lijfrente niet meer mogelijk.
- Tijdelijke oudedagslijfrente: de lijfrente komt uitsluitend aan de premiebetaler toe en gaat niet eerder in dan in het jaar dat hij AOW ontvangt en niet later dan 5 jaar daarna. De minimum looptijd is 5 jaar.

Pensioengat

Tenslotte moet er voldaan zijn aan eisen rond de reeds aanwezige oudedagsvoorzieningen in combinatie met de hoogte van het inkomen. Hiermee wordt bedoeld wat in de volksmond 'pensioengat' heet. De Belastingdienst kijk hier echter per jaar; heeft u in een bepaald jaar voldoende gespaard voor uw pensioen? Hiertoe dient te worden gekeken naar de zogenaamde jaarruimte. De jaarruimte biedt een mogelijkheid voor premieaftrek voor degenen die op 1 januari van het jaar waar naar wordt gekeken (stel 2013) nog geen 65 jaar waren en in het voorgaande jaar (dan 2012) geen of onvoldoende oudedagsvoorziening opbouwden. De jaarruimte bedraagt:

$$B - (7,5 \times A) - F,$$

waarbij:

B = 17% van de premiegrondslag. Deze premiegrondslag is de som van de winst uit een onderneming, het bruto inkomsten in 2012, het belastbare resultaat uit overige werkzaamheden van 2012, bruto periodieke uitkeringen en verstrekkingen in 2012, minus € 11.829. Dit laatste bedrag geeft de AOW weer.

A = aangroeifactor van de pensioenaanspraken in 2012.

F = toeneming van de stand van de FOR (Fiscale Oudedag Reserve) voor ondernemers.

> VOORBEELD: Uw bruto loon bedroeg in 2012 € 50.000. Dit was uw enige inkomen. Uw pensioenfonds heeft op de jaaropgave een A-factor opgegeven van € 700. De jaarruimte bedraagt dan: 17% x (50.000-11.829) – 7,5 x 700 = € 1.240. 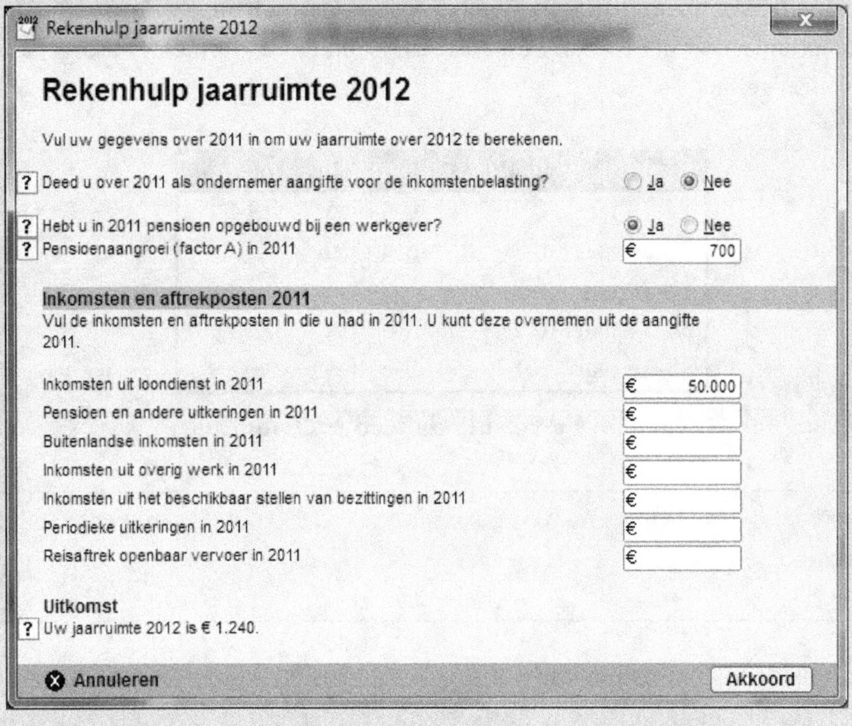
>
> Figuur 16: Rekenhulp jaarruimte; per jaar invullen

Uw pensioenfonds is verplicht de aangroei van uw pensioen te melden via de jaaropgave. U vindt deze A-factor of aangroeifactor op uw UPO (Uniform Pensioen Overzicht). U kunt deze ook zelf berekenen. Neem hiervoor uw pensioengevend salaris (vaak te vinden op uw loonstrookje) en trek hiervan af de zogenaamde franchise. Dit is het deel van uw inkomen waarover geen pensioen wordt opgebouwd en verschilt per pensioenfonds. Van dit resulterende bedrag neemt u het percentage pensioenopbouw dat door uw pensioenfonds wordt gehanteerd. Vaak is dit 1,75% (40 dienstjaren maal 1,75% is 70% opbouw). Indien u slechts een deel van het jaar pensioen opbouwde dan neemt u dit percentage relatief tot dat deel van het jaar.

 VOORBEELD: Uw pensioengevend salaris was € 50.000. De franchise bedraagt € 12.000 en uw pensioenfonds hanteert een opbouwpercentage van 1,9%. Uw pensioenaangroei bedraagt € 722.

Deze manier van berekenen geldt als u een pensioen heeft waarvan de hoogte gegarandeerd is (defined benefit). Er zijn echter ook pensioenen op basis van beschikbare premie (defined contribution). Hierbij legt u maandelijks een vast bedrag in en moet u maar afwachten hoe hoog het is op het moment van uw pensioen, aangezien de hoogte van het aangegroeide bedrag direct de hoogte van de uitkeringen bepaalt. Veel VUT-regelingen waren op deze manier uitgevoerd, maar ook pensioenregelingen zijn steeds vaker zo geregeld. Voor defined contribution pensioenen geldt de volgende berekeningsmethodiek voor de A-factor. Neem het totaal bedrag aan ingelegde beschikbare premie, vermeld door de pensioeninstantie, en vermenigvuldig dit met een factor die voor u geldt:

Leeftijd	factor	Leeftijd	factor
15-19 jaar	0,36	40-44 jaar	0,14
20-24 jaar	0,30	45-49 jaar	0,12
25-29 jaar	0,25	50-54 jaar	0,10
30-34 jaar	0,21	55-59 jaar	0,08
35-39 jaar	0,17	60-64 jaar	0,07

Tabel 8: Factor bij defined contribution

Voorbeeld: uw pensioengevend salaris was € 50.000 en u bent 36 jaar. Uw beschikbare premie over 2012 was € 4.800. De A-factor bedraagt 0,17 * 4.800 = € 816.

Als uw pensioen een combinatie van pensioensystemen is, bijvoorbeeld deels afhankelijk van de hoogte van het inkomen en deels beschikbare premie regeling, dan is het goed navraag te doen bij uw pensioenfonds over de A-factor.

Naast de jaarruimte kennen we ook de reserveringsruimte. De reserveringsruimte biedt de mogelijkheid voor degenen die in de voorgaande zeven jaar minder lijfrentepremies in afgetrokken hebben dan op grond van de jaarruimte in die jaren mogelijk geweest zou zijn geweest. De reserveringsruimte is dan de niet-benutte jaarruimte in die jaren. Deze mag u alsnog benutten, maar let wel op het maximale bedrag. Op internet en bij de Belastingdienst zijn veel rekenprogramma's te vinden om de jaar- en reserveringsruimte uit te rekenen. Ook in het belastingprogramma kan deze berekening gedaan worden (zie Figuur 16). Sterker nog, sinds twee jaar is dat verplicht bij het invullen van betaalde lijfrentepremie.

6 BOX 2

De aanmerkelijk belangregeling gaat over aandelen, winstbewijzen, koopopties, participatiebewijzen, lidmaatschapsrechten en genotsrechten. Waar in dit hoofdstuk over aandelen wordt gesproken worden alle hiervoor genoemde rechten bedoeld.

Box 2 bevat de inkomsten uit 'aanmerkelijk belang'. U heeft een aanmerkelijk belang als u met uw fiscale partner 5% of meer van het aandelenpakket in een NV (Naamloze Vennootschap), BV (Besloten Vennootschap), een open CV (Commanditaire Vennootschap) heeft of van de participatiebewijzen in een open beleggingsfonds of van de lidmaatschapsrechten in een coöperatie. Ook als uw minderjarig kind een aanmerkelijk belang heeft wordt dat bij u belast. Als familie in rechte lijn van uzelf of van uw fiscale partner een aanmerkelijk belang heeft en u heeft ook aandelen in deze onderneming, dan vallen uw aandelen ook onder aanmerkelijk belang.

De inkomsten in deze Box zijn onder andere dividend of rente-inkomsten, dit zijn de zogenaamde reguliere voordelen. Verkocht u aandelen die bij een aanmerkelijk belang horen, dan is de winst die u maakt een vervreemdingsvoordeel. Het voordeel is de overdrachtsprijs min de verkrijgingsprijs. De twee voordelen samen zijn de inkomsten in Box 2. Aftrekbaar zijn kosten die gemaakt zijn om het belang te verwerven of om de rol van aandeelhouder goed uit te oefenen, bijvoorbeeld de kosten die worden gemaakt voor het bijwonen van een aandeelhoudersvergadering. Overige voorbeelden van aftrekbare kosten zijn:
- Rente en kosten van financieringsschulden.
- Bankkosten voor verzilvering van dividendbewijzen.
- Bewaarloon.
- Kosten die gemaakt worden om de vennootschap tot een redelijk dividendbeleid te bewegen (bijvoorbeeld advocaatkosten).

Het saldo van inkomsten minus kosten wordt belast met een vast percentage van 25%.

7 BOX 3

Box 3 bevat de inkomsten uit 'sparen en beleggen' en wordt aangeduid als de vermogensrendementsheffing. Het bijzondere van deze Box is dat het geen reëel stelsel is. De inkomsten zijn niet de daadwerkelijke inkomsten uit uw vermogen maar een verondersteld rendement, een zogenaamd forfaitair rendement, van 4%.

In deze Box wordt gesproken van heffingsgrondslag. Dit is het bedrag waarover belasting wordt berekend. De berekening van deze grondslag is in 2011 veranderd. Vanaf 2011 is de heffingsgrondslag van deze Box de waarde van het vermogen op 1 januari. Vóór 2011 was het de gemiddelde waarde van het vermogen op 1 januari en 31 december.

In de volgende paragrafen kijken we naar de waardering van de verschillende waarde onderdelen in Box 3, welke bezittingen moeten worden opgegeven, hoe schulden kunnen worden afgetrokken en hoe de uiteindelijke heffingsgrondslag wordt bepaald.

7.1 Bezittingen

In deze paragraaf bespreken we verschillende bezittingen die u moet aangeven in Box 3. Het betreffende vermogen bestaat uit banktegoeden, aandelenkapitaal, obligaties, contant geld, een (tweede) woning en kapitaalverzekeringen. Overige bezittingen worden niet tot het kapitaal gerekend (bijvoorbeeld auto, boot en dergelijke) als ze voor eigen gebruik zijn of wanneer het duidelijk is dat ze geen rendement opleveren. Een uitzondering hierop zijn kunstvoorwerpen als deze een duidelijk beleggingskarakter hebben.

Verder hoeft u niet aan te geven in Box 3:

- de eigen woning die uw hoofdverblijf was, ook niet als de woning tijdelijk niet uw hoofdverblijf was, zoals bij een verhuizing. Deze woning geeft u aan bij 'Eigen woning' in Box 1;
- door erfrecht verkregen vruchtgebruik van de woning die in 2013 uw hoofdverblijf was, deze woning geeft u aan bij 'Eigen woning' in Box 1. Dit geldt bijvoorbeeld als uw partner overlijdt en uw kinderen de helft van uw huis erven, waarover u dan weer vruchtgebruik krijgt;
- het gespaarde bedrag van uw levensloopregeling;
- uw ondernemingsvermogen;
- vermogen, zoals een pand, die u beschikbaar stelt aan bepaalde personen die dit gebruikten in hun onderneming, het gaat dan bijvoorbeeld om uw partner of uw minderjarig kind. De inkomsten hieruit, zoals huur, geeft u aan bij 'Inkomsten uit beschikbaar gestelde bezittingen' in Box 1;
- aandelen en dergelijke die bij een aanmerkelijk belang hoorden;
- landgoederen in de zin van de Natuurschoonwet 1928, bossen, natuurterreinen;
- belastingvorderingen;
- vorderingen op basis van een erfenis.

Verder geldt er vrijstelling voor onder andere:
- De waarde van de uitvaartverzekering of een andere overlijdensrisicoverzekering in Box 3 van ten hoogste € 6.859.
- Nog te vorderen te betalen termijnen rente, pacht of huur.
- Spaartegoeden die onder groene beleggingen vallen (maximaal € 56.420 per persoon).
- Kapitaalverzekeringen die voor 14 september 1999 zijn afgesloten.

Banksaldi, aandelen, contant geld en vorderingen

Ten eerste dienen de saldi van alle banktegoeden, spaar- en betaalrekeningen, worden aangegeven. Vaak verstrekt een bank een jaaroverzicht waarop de saldi zijn aangegeven. Sommige banken vermelden het betreffende saldo op het eerste afschrift van het nieuwe jaar. Een negatief saldo moet bij schulden worden ingevuld. Vervolgens dienen portefeuilles van aandelen, obligaties en dergelijke te worden opgegeven. Hiertoe wordt de waarde op de peildatum bepaald tegen de heersende koers. Ook hiervoor kunt u meestal terecht bij het jaaroverzicht van de bank of verzekeringsmaatschappij.

Ook contant geld en vorderingen moeten worden aangegeven. Een vordering is een recht op vermogen dat fysiek bij een ander is. Voorbeelden hiervan zijn rekeningen die nog aan u moeten worden betaald of leningen die nog aan u moeten worden terugbetaald. Indien vorderingen renteloos zijn en pas over een vast staand aantal jaar worden afgelost, dan mag worden gerekend met de contante waarde van deze vordering. De contante waarde van de vordering wordt berekend via: waarde = vordering / $(1+r)^{jaar}$, waarbij 'r' de rentevoet is waartegen wordt gerekend en 'jaar' het aantal jaar tot de aflossing.

 VOORBEELD: Stel u heeft een bedrag van € 1.000 uitgeleend aan een kennis. U heeft afgesproken dat deze na 3 jaar weer wordt terugbetaald en dat er geen rente betaald hoeft te worden. U hoeft nu geen € 1.000 op te geven bij vorderingen, maar € 888.

Sinds 2010 geldt voor contant geld een vrijstelling van € 512. Als u een fiscale partner heeft, dan heeft u samen een vrijstelling van € 1.024.

Kapitaalverzekeringen

Het doel van de kapitaalverzekering is om een kapitaal te sparen waarmee u bijvoorbeeld de eigen woningschuld kunt aflossen of een pensioenuitkering kunt aankopen. In beginsel worden alle kapitaalverzekeringen belast in Box 3.

Een kapitaalverzekering die is gekoppeld aan de eigen woning en voldoet aan de voorwaarden voor een 'Kapitaalverzekering Eigen Woning' (KEW) behoort tot Box 1. Dit hebben we daar ook reeds behandeld. Ook andere kapitaalverzekeringen kunnen in Box 1 vallen of met een vrijstelling in Box 3. Wilt u weten in welke Box uw kapitaalverzekering valt kunt u op internet een 'Programma Boxbepaling kapitaalverzekering' invullen.

Figuur 17: Invulscherm beleggingen en banktegoeden

Overige bezittingen:

Overige bezittingen die moeten worden aangegeven zijn:
- (rechten op) roerende zaken die niet voor eigen gebruik zijn of ter belegging.
- aandeel in een onverdeelde boedel: Als u samen met een of meer anderen een erfenis krijgt, kan het zijn dat deze erfenis pas later wordt verdeeld onder de erfgenamen. In de periode dat u samen met anderen recht had op de onverdeelde erfenis, is er sprake van een onverdeelde boedel. Ook bij echtscheiding kan er sprake zijn van een onverdeelde boedel. De erfgenamen of rechthebbenden moeten ieder hun eigen deel van (de inkomsten uit) de onverdeelde boedel aangeven. Behoort bijvoorbeeld een spaarrekening tot de onverdeelde boedel? Dan geeft u uw deel van de spaarrekening aan in Box 3 als 'spaartegoed'.

Invullen

Voor alle bovenstaande posten dient de waarde op 1 januari (en 31 december indien 2010 of eerder) van het betreffende jaar te worden ingevuld. Welke waarde u moet invullen leest u in de volgende paragraaf.

7.2 Waardering

Uitgangspunt is dat zowel bezittingen als schulden worden gewaardeerd op de waarde in het economische verkeer op de peildata: 1 januari en (tot en met 2010) 31 december van het betreffende jaar. Voor vermogensbestanddelen waarvoor een markt bestaat zal dit de verkoopwaarde zijn, denk hierbij aan effecten en onroerende zaken.

Voor een woning wordt meestal de WOZ-waarde gehanteerd. Als u de woning geheel of gedeeltelijk verhuurde en als de huurder recht op huurbescherming had dan moet u de WOZ-waarde vermenigvuldigen met een factor, die afhangt van de hoogte van de huur. Zie onderstaande tabel. Bij een woning in het buitenland neemt u de waarde in het economisch verkeer in onbewoonde en onverhuurde staat op 1 januari 2012.

Is het percentage jaarhuur of jaarpacht van WOZ-waarde		
meer dan	maar niet meer dan	dan is het percentage van de WOZ-waarde
0%	1,0%	50%
1,0%	1,5%	54%
1,5%	2,0%	58%
2,0%	2,5%	63%
2,5%	3,0%	67%
3,0%	3,5%	72%
3,5%	4,0%	76%
4,0%	-	81%
5,0%	-	85%

Tabel 9: Factor verhuurde woning onder huurbescherming

VOORBEELD: Stel u heeft een woning met een WOZ-waarde van € 300.000. U verhuurt deze voor € 980 per maand. Dat is een jaarhuur van € 11.760, wat 3, 92% is van de WOZ-waarde. U geeft van deze woning dus 76% van € 300.000, dat is € 228.000 als waarde op.

Bezittingen in het buitenland moeten ook worden aangegeven. Eventueel in het buitenland reeds betaalde belasting hierover kan worden verrekend bij de aftrek 'voorkoming dubbele belasting'.

Soms heeft u wel geld of een goed in eigendom, maar ligt het gebruik of vruchtgebruik bij een ander. Dan gelden er speciale regels. Dit noemen we bloot eigendom en vruchtgebruik. Bij bloot eigendom heeft één persoon de eigendom over een onroerende zaak of vermogen, terwijl een andere persoon het genotsrecht daarop heeft. De waarde van de zaak of vermogen wordt verdeeld tussen de blote eigenaar en de vruchtgebruiker. Het goed wordt gewaardeerd naar de waarde in het economische verkeer. Deze waarde minus de waarde voor de vruchtgebruiker is de waarde voor de blote eigenaar. De waarde voor de vruchtgebruiker wordt als volgt bepaald. Er wordt wederom uitgegaan van een fictief genotsrecht van 4% van de volle waarde van de vermogensbestanddeel. Dit genotsrecht moet als ware het een periodieke uitkering contant worden gemaakt. Bij contant maken worden toekomstige uitgaven en inkomsten naar het huidige moment gewaardeerd. Zo is een euro nu ontvangen meer waard dan een euro over twee jaar ontvangen. Als er nu een euro wordt ontvangen dan kan de ontvanger daar nog twee jaar rente voor ontvangen. Voor de berekening van de waarde van het vruchtgebruik maken we onderscheid naar vier categorieën:

1. Contant maken bij een bepaalde looptijd: Hiertoe moet u per jaar het fictieve bedrag van het genotsrecht per jaar met een factor vermenigvuldigen. De factoren zijn:

Looptijd	Factor	Looptijd	Factor
1-5	0,91	36-40	0,23
6-10	0,75	41-45	0,19
11-15	0,61	46-50	0,16
16-20	0,50	51-55	0,13
21-25	0,41	56-60	0,11
26-30	0,34	61-65	0,09
31-35	0,28		

Tabel 10: Factor contant maken bij bepaalde looptijd

> **VOORBEELD:** Stel de onderliggende waarde is € 50.000. Iemand heeft hierover 12 jaar gebruiksrecht. Het jaarlijks genotsrecht bedraagt 4% x € 50.000 = € 2.000. De waarde voor de vruchtgebruiker is 5 x 0,91 x 2.000 + 5 x 0,75 x 2.000 + 2 x 0,61 x 2.000 = € 19.040. De waarde voor de blote eigenaar is 50.000 – 19.040 = € 30.960.

2. Contant maken bij een onbepaalde looptijd, afhankelijke van het leven van een persoon Hiertoe wordt de fictieve jaarlijkse genotsrecht worden vermenigvuldigd met een factor die afhankelijk is van geslacht en leeftijd. De factoren zijn:

Leeftijd	factor	Leeftijd	factor
0 t/m 24 jaar	22	60 t/m 64 jaar	11
25 t/m 29 jaar	21	65 t/m 69 jaar	9
30 t/m 34 jaar	20	70 t/m 74 jaar	8
35 t/m 39 jaar	19	75 t/m 79 jaar	6
40 t/m 44 jaar	18	80 t/m 84 jaar	4
45 t/m 49 jaar	16	85 t/m 89 jaar	3
50 t/m 54 jaar	15	90 t/m 94 jaar	2
55 t/m 59 jaar	13	95 jaar en ouder	1

Tabel 11: Factor voor contant maken bij onbepaalde looptijd.

Deze tabel geldt voor een uitkering op het leven van een man. Bij een vrouw dient de leeftijd van de vrouw met 5 jaar worden verminderd, vanwege de hogere levensverwachting.

> VOORBEELD: Stel de onderliggende waarde is € 50.000. Een vijftig jarige man heeft hierover gebruiksrecht tot zijn dood. Het jaarlijks genotsrecht bedraagt 4% x € 50.000 = € 2.000. De waarde voor de vruchtgebruiker is 15 x € 2.000 = € 30.000. De waarde voor de blote eigenaar is € 50.000 – € 30.000 = € 20.000. Indien de begunstigde een vrouw was geweest, had de factor 16 gegolden.

3. Periodieke uitkering met onbepaalde looptijd, afhankelijk van meer dan één leven. Als de looptijd van een periodieke uitkering vervalt bij het overlijden van de langstlevende van twee of meer personen, wordt de tabel voor mannen toegepast, maar moet eerst tien jaar worden afgetrokken van de leeftijd van de jongste persoon van wiens leven de periodieke uitkering afhankelijk is. Als de looptijd van een periodieke uitkering vervalt bij het overlijden van de eerst stervende van twee of meer personen, wordt de tabel voor mannen toegepast, maar moet eerst vijf jaar worden opgeteld bij de leeftijd van de oudste persoon.

4. Contant maken bij een bepaalde looptijd, afhankelijk van het leven van een persoon
Hiertoe wordt het fictieve jaarlijkse genotsrecht vermenigvuldigd met een factor die afhankelijk is van duur en leeftijd. De factoren zijn staan in onderstaande tabel.

	1-5	6-10	11-15	16-20	21-25	26-30	31-35	36-40	41-45	46-50	51-55	56-60	61+
0 t/m 19	0,91	0,74	0,61	0,50	0,41	0,33	0,27	0,21	0,17	0,13	0,09	0,06	0,03
20 t/m 24	0,91	0,74	0,61	0,50	0,40	0,33	0,26	0,20	0,15	0,11	0,07	0,04	0,02
25 t/m 29	0,91	0,74	0,61	0,49	0,40	0,32	0,25	0,19	0,13	0,09	0,05	0,02	0,01
30 t/m 34	0,91	0,74	0,60	0,49	0,39	0,30	0,23	0,16	0,11	0,06	0,03	0,01	0,00
35 t/m 39	0,90	0,74	0,59	0,48	0,37	0,28	0,20	0,13	0,07	0,03	0,01	0,00	
40 t/m 44	0,90	0,73	0,58	0,46	0,35	0,25	0,16	0,09	0,04	0,01	0,00		
45 t/m 49	0,90	0,72	0,56	0,43	0,30	0,20	0,11	0,05	0,01	0,00			
50 t/m 54	0,89	0,70	0,53	0,38	0,24	0,14	0,06	0,02	0,00				
55 t/m 59	0,88	0,67	0,48	0,31	0,17	0,08	0,02	0,00					
60 t/m 64	0,87	0,62	0,40	0,22	0,10	0,03	0,00						
65 t/m 69	0,84	0,54	0,30	0,14	0,04	0,01							
70 t/m 74	0,80	0,45	0,20	0,06	0,01	0,00							
75 t/m 79	0,74	0,33	0,10	0,02	0,00								
80 t/m 84	0,65	0,20	0,03	0,00									
85 t/m 89	0,54	0,08	0,00										
90 t/m 94	0,40	0,02											
95 jaar +	0,20	0,00											

Tabel 12: Factor bij bepaalde looptijd

7.3 Schulden

Voorheen konden de betaalde rentebedragen van schulden worden afgetrokken. In het nieuwe belastingstelsel is deze mogelijkheid echter verdwenen. Om effect te hebben van schulden op de belastingbetaling moet het vermogen boven de vrijstelling uitkomen. Dus slechts als u behoorlijk vermogen heeft, heeft u belastingtechnisch nut van (betaalde rente op) schulden.

Alle schulden kunnen voor aftrek in aanmerking komen, mits ze niet reeds vallen onder Box 1 of Box 2. Onder deze Boxen vallen schulden die te maken hebben met aankoop, verbetering of onderhoud van de eigen woning of ter financiering van een onderneming. Het totaal van schulden in Box 3 moet worden verminderd met de zogenaamde schuldendrempel van € 2.900 per persoon.

Figuur 18: Invulscherm schulden

7.4 Heffingsvrij vermogen

In eerste instantie is dus de (gemiddelde) waarde van de bezittingen bepaald. Hier mag de (gemiddelde) waarde van eventuele schulden in mindering gebracht worden, na aftrek van een schuldendrempel van € 2.900. Tenslotte wordt de zo verkregen heffingsgrondslag verminderd met het heffingsvrij vermogen. Deze bedraagt € 21.139 per persoon. Vóór 2012 was er een extra heffingsvrij vermogen voor minderjarige kinderen. AOW-gerechtigden kunnen in aanmerking komen voor een extra groot heffingsvrij vermogen als hun inkomen lager is dan € 19.895, de ouderentoeslag. De precieze waarde staat in onderstaande tabel.

Inkomen >	Inkomen <	Ouderentoeslag
-	14.302	27.984
14.302	19.895	13.992
19.895	-	0

Tabel 13: Ouderentoeslag

Over de resterende heffingsgrondslag wordt het forfaitair rendement berekend van 4%. Over deze inkomsten uit 'sparen en beleggen' wordt vervolgens 30% belasting geheven.

VOORBEELD: Stel u bent 68 en uw partner 67, beide AOW-gerechtigd. U heeft een inkomen van € 50.000, uw partner € 13.000. Uw vermogen van € 100.000 wordt als volgt belast:

Bank- en spaartegoeden	€ 100.000
Heffingsvrijvermogen uzelf	€ 21.139
Heffingsvrijvermogen partner	€ 21.139
Oudertoeslag partner	€ 27.984
Totaal heffingsvrij vermogen	€ 70.262
Grondslag voordeel uit sparen en beleggen	€ 29.738

8 PERSOONSGEBONDEN AFTREK

Op de saldi van de Boxen, die we in het vorige hoofdstuk hebben bepaald, mag een aantal uitgaven in aftrek gebracht worden. Deze aftrek wordt de persoonsgebonden aftrek genoemd. Deze persoonsgebonden aftrek heeft een Boxoverschrijdend karakter. Ze moet in eerste instantie zo veel mogelijk in aftrek gebracht worden op het inkomen van Box 1. Als deze Box niet toereikend is, mag het restant in mindering worden gebracht op het inkomen van Box 3 en tenslotte op het inkomen van Box 2. Als er dan nog een restant overblijft dan wordt dit doorgeschoven naar het volgende jaar en wordt daar aan de persoonsgebonden aftrek toegevoegd.

De term persoonsgebonden aftrek is heel verwarrend. Deze aftrek is namelijk voor partners juist niet persoonsgebonden maar is expliciet tot het 'gemeenschappelijk inkomen' aangewezen. Een term als 'draagkrachtverminderende posten' had meer het karakter van deze aftrek weergegeven.

Aftrekposten die onder persoonsgebonden aftrek vallen zijn:
- betaalde alimentatie of andere onderhoudsverplichtingen;
- uitgaven voor levensonderhoud van kinderen jonger dan 21 jaar;
- specifieke zorgkosten;
- uitgaven voor weekendbezoek van ernstig gehandicapten van 21 jaar en ouder;
- studiekosten of andere scholingsuitgaven;
- giften;
- kosten voor rijksmonumentenpanden;
- kwijtgescholden durfkapitaal;

Deze onderwerpen worden in de volgende paragrafen behandeld.

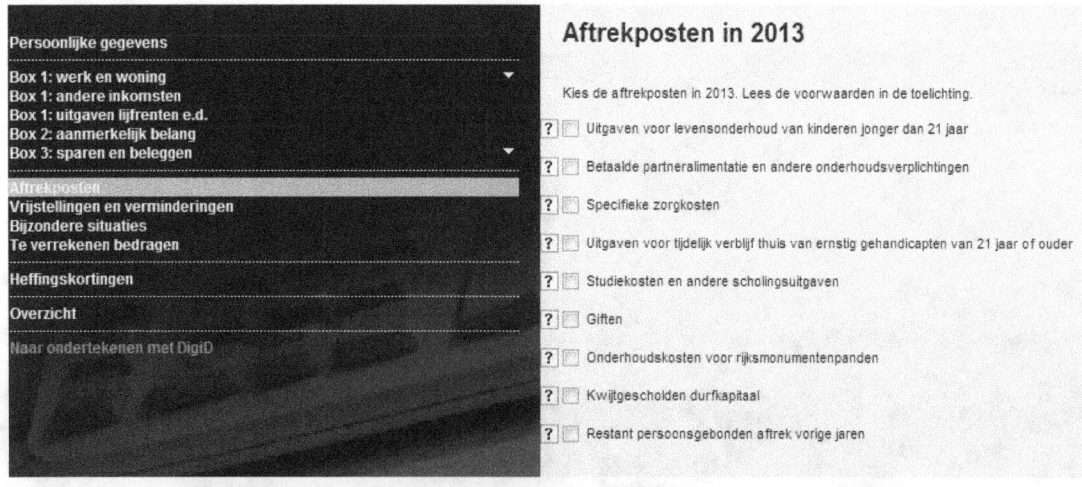

Figuur 19: Geef aan welke aftrekposten van toepassing zijn

8.1 Alimentatie en andere onderhoudsverplichtingen

Als u gescheiden bent of duurzaam gescheiden leefde, kunt u te maken krijgen met alimentatie. Alimentatie is een bijdrage in de kosten van levensonderhoud van uw ex-echtgenoot. De alimentatie kan via de rechter vastgesteld zijn, maar ook tussen u en uw ex-echtgenoot zijn afgesproken. Als u in 2013 alimentatie betaalde aan uw ex-echtgenoot, kunt u die alimentatie aftrekken als persoonsgebonden aftrek. Ook andere onderhoudsverplichtingen, naast alimentatie, kunt u in bepaalde gevallen aftrekken. Waar hier gesproken wordt over ex-echtgenoot kan ook ex-geregistreerd partner worden gelezen. Fiscaal worden geregistreerde partners als gehuwden beschouwd.

Alimentatie aan kinderen is niet aftrekbaar. Hiertoe wordt meestal het bedrag voor de partner en het bedrag voor de kinderen afzonderlijk vastgesteld. In bijzondere gevallen kunnen de kosten voor het levensonderhoud voor een kind (jonger dan 21 jaar) worden afgetrokken bij de aftrekpost in de volgende paragraaf.

De volgende kosten kunt u aftrekken als persoonsgebonden aftrek:
- periodieke alimentatiebetalingen aan ex-partner en losse aanvullingen daarop;
- een afkoopsom van alimentatie ineens; Dit kan ook zijn in de vorm van een 'overbedeling' bij een boedelscheiding;
- betalingen voor de verrekening van pensioenrechten en van lijfrenten en andere inkomensvoorzieningen waarvan de betaalde premies eerder zijn afgetrokken;
- bijstand die de Sociale Dienst aan uw ex-echtgenoot verstrekte en op u verhaald heeft;
- het bedrag van het eigenwoningforfait dat u voor een woning heeft aangegeven als uw ex-echtgenoot in 2013 door een (voorlopige) alimentatieregeling in de woning woonde waarvan u de (mede-)eigenaar was.

8.2 Uitgaven voor levensonderhoud van een kind jonger dan 21 jaar

Onder bepaalde voorwaarden kunt u de uitgaven voor levensonderhoud van uw kind aftrekken als persoonsgebonden aftrek. Bij levensonderhoud gaat het om bijdragen voor levensbehoeften, zoals kleding en voeding. Als u voldoet aan de voorwaarden, dan geldt, gegeven de leeftijd en de hoogte van het bedrag, een vast bedrag aan aftrek per kalenderkwartaal. Ook kinderalimentatie kan hieronder vallen en niet onder alimentatiebetalingen van de vorige paragraaf.

U kunt per kalenderkwartaal in aanmerking komen voor aftrek van uitgaven voor levensonderhoud van kinderen. U moet dan aan het begin van het kwartaal voldoen aan bepaalde voorwaarden. De voorwaarden voor aftrek van uitgaven voor levensonderhoud van kinderen zijn:
- Uw kind was aan het begin van het kwartaal jonger dan 21 jaar.
- Uw kind kon in dat kwartaal niet zelf in zijn levensonderhoud voorzien.
- In dat kwartaal had niemand in uw huishouden voor dit kind recht op kinderbijslag of een vergelijkbare buitenlandse uitkering.

- Uw kind had in dat kwartaal geen recht op studiefinanciering, een tegemoetkoming in de studiekosten of recht op een vergelijkbare (buitenlandse) regeling.
- Uw uitgaven waren voor dit kind in dat kwartaal minimaal € 408. Als u een fiscale partner had, dan mag u de uitgaven van uw fiscale partner meetellen.

In de tabel hieronder vindt u het vaste bedrag dat u per kwartaal per kind mag aftrekken.

Leeftijd kind aan het begin van het kwartaal	Onderhoudskosten	Aftrekbaar bedrag
jonger dan 6 jaar	minimaal € 408 per kwartaal	€ 295
van 6 tot 12 jaar	minimaal € 408 per kwartaal	€ 355
van 12 tot 18 jaar	minimaal € 408 per kwartaal	€ 415
van 18 tot 30 jaar	minimaal € 408 per kwartaal	€ 355
van 18 tot 30 jaar	50% of meer bijdrage in totale kosten én minimaal € 710 per kwartaal	€ 710
van 18 tot 30 jaar én het kind is uitwonend	90% of meer bijdrage in totale kosten én minimaal €1065 per kwartaal	€ 1065

Tabel 14 Tabel kwartaalbedrag van uitgaven voor levensonderhoud kinderen

In sommige gevallen geldt in de tabel hierboven dat u meer dan 50% of 90% moet bijdragen in de totale kosten. U moet dan aantonen wat de totale kosten voor het onderhoud van uw kind waren en welk bedrag daarvan door u betaald werd. Dit hoeft niet met een boekhouding te worden onderbouwd, een verantwoorde schatting volstaat hierbij. Het verdient natuurlijk de voorkeur zo veel mogelijk met bonnen te kunnen onderbouwen.

Als u co-ouder was en u kreeg de helft van de kinderbijslag, dan heeft u recht op 50% van het aftrekbedrag. Maar was er sprake van een andere verhouding, bijvoorbeeld 40%-60%? Dan kan het programma dit niet berekenen. U kunt dan geen aangifte doen met het aangifteprogramma, maar u moet een papieren aangifte invullen.

De volgende uitgaven kunt u niet aftrekken als uitgaven voor levensonderhoud van kinderen:
- uitgaven voor ziekte, invaliditeit en bevalling. Deze uitgaven kunnen onder de buitengewone uitgaven vallen;
- uitgaven voor luxe zaken, zoals een auto, huis, huwelijksuitzet of bijdrage op de spaarrekening;
- uitgaven voor weekendbezoek van ernstig gehandicapten van 27 jaar of ouder die doorgaans in een AWBZ-instelling verblijven. Deze uitgaven kunnen onder uitgaven voor weekendbezoek van ernstig gehandicapten vallen.

Vóór 2012 was de maximale leeftijd 30 jaar in plaats van 21 jaar.

> VOORBEELD: Stel u heeft kinderalimentatie betaald voor uw 8 jarige dochter. Het bedrag verschilt per maand omdat u en uw ex-partner de werkelijke kosten verdelen. Het eerste kwartaal heeft u € 500 betaald, het tweede kwartaal € 390, het derde kwartaal € 610 en het vierde kwartaal € 550. U mag voor 3 kwartalen € 355 aftrekken, totaal dus € 1.065.

8.3 Uitgaven voor weekendbezoek van ernstig gehandicapten

Als u een ernstig gehandicapte van 21 jaar of ouder thuis verzorgde die doorgaans in een AWBZ-instelling verbleef, maakte u daarvoor extra uitgaven. Deze extra uitgaven mag u aftrekken als persoonsgebonden aftrek. U heeft recht op aftrek voor:
- uw ernstig gehandicapte kinderen;
- uw ernstig gehandicapte broers of zussen.

Ook een door de kantonrechter benoemde mentor van een gehandicapte heeft recht op de aftrek.

Uw extra uitgaven voor weekendbezoek van ernstig gehandicapten mag u onder de volgende voorwaarden aftrekken:
- De ernstig gehandicapte was in 2013 21 jaar of ouder. Als de ernstig gehandicapte in de loop van 2013 21 jaar is geworden, is alleen aftrek mogelijk voor de periode daarna.
- De ernstig gehandicapte verbleef in een AWBZ-instelling, maar werd in het weekend en tijdens vakanties door u verzorgd. Dit kan bij u thuis zijn, maar ook op uw vakantieadres.
- De uitgaven werden niet vergoed door bijvoorbeeld de ziektekostenverzekering. Ook de uitgaven die u nog vergoed krijgt, mag u niet aftrekken.

De volgende kosten mag u aftrekken:
- Uitgaven voor het halen en brengen. Voor de kosten van het halen en brengen van de ernstig gehandicapte (door de ouders, broer, zus of mentor) met de auto geldt een aftrek van € 0,19 per kilometer. U neemt de afstand van huis naar de verzorgingsinstelling (en terug!), ook al reist u bijvoorbeeld in vakanties over een andere afstand.
- Extra kosten door het verblijf van de ernstig gehandicapte bij u. Voor de extra kosten van het verblijf bij u geldt een aftrek van € 10 per dag per ernstig gehandicapte. De dagen waarop de ernstig gehandicapte werd gehaald of gebracht, tellen mee voor de verblijfperiode bij u.

Deze bedragen worden automatisch berekend door het aangifteprogramma als u het aantal dagen dat het verblijf heeft geduurd en de afgelegde kilometers invoert.

8.4 Ziektekosten of andere buitengewone uitgaven

Als u in een jaar uitgaven had voor ziekte, invaliditeit, bevalling, adoptie, ouderdom of overlijden, kunt u misschien aftrek krijgen van ziektekosten of andere buitengewone uitgaven. Hierin is veel veranderd in de afgelopen jaren. We bespreken de verschillende periodes hier.

Veranderingen in 2009
De belastingaftrek van ziektekosten is de afgelopen jaren sterk veranderd. Dat kan voor u gevolgen hebben. Bepaald kosten zijn niet meer aftrekbaar. Maar sommige kosten voor ziekte en invaliditeit blijven onder bepaalde voorwaarden wel aftrekbaar.

Kostenpost	2008	2009 en later
Premie aanvullende verzekering	Ja	Nee
Premie tandartsverzekering	Ja	Nee
Huisapotheek	Ja	Nee
Voorgeschreven medicijnen	Ja	Ja
Hulpmiddelen	Ja	Ja (brillen niet)
Kosten thuiszorg	Ja	Nee
Eigen bijdrage awbz-inrichting	Ja(25%)	Nee
Aanpassing woning	Ja	Ja
Vervoer zieke, werkelijke kosten	Ja	Ja
Reiskosten ziekenbezoek	Ja	Ja
Dieet volgens tabel	Ja	Ja
Dieet niet voorkomend in tabel	Nee	Nee
Extra uitgaven voor kleding/beddengoed	Ja	Ja
Kronen en bruggen	Ja	Ja
Extra gezinshulp	Ja	Ja
Plastische chirurgie	Ja	Ja
Dokterskosten/specialist	Ja	Ja
Kraamhulp/verloskundige	Ja	Nee
Pedicure bij medische noodzaak	Ja	Ja
Alternatieve genezers	Ja	Ja
Begrafeniskosten / -verzekering	Ja	Nee

Tabel 15 Overzicht aftrekbare ziektekosten.

Aftrekbare kosten
U mag kosten aftrekken voor:

Genees- en heelkundige hulp,
Hieronder vallen:
- huisarts, tandarts, fysiotherapeut of specialist;
- verpleging in een ziekenhuis of een andere verpleeginstelling;
- paramedische behandelingen door (of op voorschrift en onder begeleiding van) een arts, bijvoorbeeld acupunctuur, revalidatie, logopedie, homeopathie of pedicure.

Medicijnen op doktersvoorschrift
Alleen de kosten van medicijnen die door een arts zijn voorgeschreven, zijn aftrekbaar. Het moeten medicijnen zijn die door Nederlandse artsen als medicijn worden beschouwd. Dit kunnen ook homeopathische medicijnen zijn.

Bepaalde hulpmiddelen
U mag de kosten voor bepaalde hulpmiddelen aftrekken. Hulpmiddelen zijn voorzieningen of apparaten (behalve brillen en contactlenzen en hun toebehoren) waardoor u de normale lichaamsfuncties kunt uitoefenen, wat u anders niet zou kunnen. Uitgaven voor de volgende hulpmiddelen zijn bijvoorbeeld aftrekbaar:
- steunzolen;
- gehoorapparaten en batterijen;
- kunstgebit en prothesen;
- rolstoel en traplift;
- onderhoud, reparatie en verzekering van deze hulpmiddelen.

Sinds 2013 zijn de rollator en krukken niet meer aftrekbaar.

Vervoer, zoals reiskosten naar een huisarts of ziekenhuis
Kosten die u hier mag aftrekken zijn:
- uitgaven voor vervoer naar een arts of ziekenhuis;
- uitgaven voor ambulancevervoer;
- extra vervoerskosten door ziekte of invaliditeit. U mag deze extra vervoerskosten aftrekken als u aannemelijk kunt maken dat u door uw ziekte of invaliditeit hogere vervoerskosten heeft. Deze hogere vervoerskosten heeft u in vergelijking met mensen die niet ziek of invalide zijn en die in financieel en maatschappelijk opzicht met u vergelijkbaar zijn. U kunt dit bijvoorbeeld vergelijken door gebruik te maken van de gegevens van het NIBUD of het CBS. Heeft u dan hogere vervoerskosten? Dan mag u uw extra vervoerskosten aftrekken. U moet van deze extra vervoerskosten wel de vergoeding afhalen die u bijvoorbeeld van uw zorgverzekering kreeg.

De kilometerprijs die u hier mag berekenen is de kilometerkostprijs van uw auto die u bijvoorbeeld via ANWB.nl kunt opzoeken.

Een dieet op doktersvoorschrift
Als u een dieet volgt op doktersadvies voor een specifieke aandoening, dan mag u een vast bedrag voor deze kosten aftrekken, mits dit dieet en de aandoening in de lijst staan die de Belastingdienst hiervoor hanteert. U mag per persoon een vast bedrag voor dieetkosten aftrekken. U heeft een dieetbevestiging nodig als de Belastingdienst erom vraagt. Het vaste bedrag staat in de 'Tabel vaste aftrekbare bedragen voor diëten'. Staat uw dieet niet in de tabel, dan kunt u geen bedrag aftrekken. Het dieet mag ook zijn voorgeschreven door een diëtist(e).

Extra gezinshulp
U mag onder de volgende voorwaarden uitgaven voor extra gezinshulp aftrekken:
- U had een extra gezinshulp nodig vanwege uw ziekte of invaliditeit. Hier valt niet de WMO thuishulp onder;
- U heeft hiervan de rekeningen of kwitanties waarop de volgende gegevens staan: datum, bedrag, naam, adres en woonplaats van de gezinshulp of instantie aan wie u de kosten betaalde.

U telt alleen het deel van de uitgaven mee dat uitkomt boven een bepaald bedrag, de drempel. Dit is een aparte drempel, naast de algemene drempel voor ziektekosten.

Extra kleding en beddengoed
Kosten voor kleding en beddengoed, en het wassen daarvan, zijn onder de volgende voorwaarden aftrekbaar:
- De kosten waren een rechtstreeks gevolg van ziekte of invaliditeit;
- De zieke of invalide woonde bij u.

De ziekte duurde minimaal een jaar of gaat waarschijnlijk minimaal een jaar duren.

Voor deze uitgaven mag u een vast bedrag meetellen van € 310. Als u kunt aantonen dat de extra uitgaven hoger waren dan € 620, dan mag u € 775 meetellen. De bedragen gelden per persoon en voor een heel jaar. Als u bijvoorbeeld vanaf 1 oktober 2013 extra uitgaven had, neemt u 3/12 van het aftrekbedrag.

Reiskosten voor ziekenbezoek
Als u op bezoek ging bij een zieke, dan kan het zijn dat u daar kosten voor mag aftrekken. Voorwaarden hiervoor zijn:
- U en de zieke hadden bij het begin van de ziekte een gezamenlijke huishouding;
- U bezocht de zieke in 2013 regelmatig;
- De zieke werd langer dan 1 maand verpleegd of deze werd meerdere keren per jaar verpleegd, in totaal langer dan 1 maand en steeds een gevolg was van dezelfde ziekte. Bovendien mag de tijd tussen de verplegingsperiodes niet langer dan 4 weken zijn;
- De enkele-reisafstand tussen uw woning of verblijfplaats en de plaats waar de zieke wordt verpleegd (gemeten langs de meest gebruikelijke weg) is meer dan 10 kilometer.

U mag de kosten aftrekken voor:
- reizen per auto: U rekent een vast bedrag van € 0,19 per kilometer;
- reizen per taxi, met het openbaar vervoer of op een andere manier U telt de werkelijke reiskosten mee.

Berekening
U mag alleen het deel van de kosten aftrekken waarvoor u geen vergoeding kreeg of recht op vergoeding heeft van bijvoorbeeld de (aanvullende) zorgverzekering, uw werkgever of de bijzondere bijstand. Belangrijk is het volgende: de kosten die onder een verplicht of vrijwillig eigen risico vallen, zijn niet aftrekbaar.

U mag de specifieke zorgkosten voor uzelf en uw fiscale partner aftrekken. Zijn er nog andere personen die tot uw huishouden behoren en hebben ook zij kosten gemaakt die u heeft betaald? Dan mag u deze kosten aftrekken als het om de volgende personen gaat:
- uw kinderen die jonger waren dan 27 jaar;
- ernstig gehandicapte personen van 27 jaar of ouder waarmee u in gezinsverband woont. Iemand is ernstig gehandicapt als hij aanspraak kan maken op opname in een AWBZ-instelling;
- ouders, broers of zussen die bij u in huis wonen en afhankelijk zijn van uw zorg. Als u de zorg niet verleent, dan heeft deze persoon beroepsmatige hulp nodig of verzorging in een verzorgingshuis of verpleeghuis.

Als u aan de voorwaarden voldoet, mag u een deel van de specifieke zorgkosten verhogen met:
- 40% (als u op 31 december 2013 jonger was dan 65 jaar);
- 113% (als u op 31 december 2013 65 jaar of ouder was).

Voor de verhoging van 40% of 113% mag uw drempelinkomen niet hoger zijn dan € 33.555. Uw drempelinkomen is het totaal van uw inkomsten en aftrekposten in Box 1, 2 en 3, maar zonder uw persoonsgebonden aftrek. Had u heel 2013 een fiscale partner? Dan mag het drempelinkomen van u en uw fiscale partner samen niet hoger zijn dan € 33.555. Was het drempelinkomen van u en uw eventuele fiscale partner samen hoger dan € 33.555? Dan passen wij de verhoging niet toe. Alleen de kosten voor genees- en heelkundige hulp en de reiskosten ziekenbezoek tellen niet mee voor deze verhoging. Was één van de fiscale partners 65 jaar of ouder en de ander jonger dan 65 jaar? En voldoet u aan de voorwaarden? Dan geldt voor beiden 113%.

U mag alleen het deel van de uitgaven aftrekken dat uitkomt boven een bepaald drempelbedrag. De hoogte van deze drempel hangt af van uw drempelinkomen. Uw drempelinkomen is het totaal van uw inkomsten in Box 1, 2 en 3, maar zonder uw persoonsgebonden aftrek. Het aangifteprogramma berekent het drempelbedrag voor u. Als u heel 2013 een fiscale partner had, rekent het programma ook het drempelinkomen van uw fiscale partner mee (tussen haakjes eventueel afwijkende bedragen voor u en uw fiscale partner samen).

Drempelinkomen:	Drempel:
Tussen € 0 en € 7.457 (€ 14.914)	€ 125 (€ 250)
Onder € 39.618	1,65% van drempelinkomen
Boven € 39.618	€ 653 + 5,75% van drempelinkomen

Tabel 16 Overzicht ziektekostendrempel

VOORBEELD: Onderstaand ziet u de berekening voor een echtpaar met een gezamenlijk inkomen van € 31.000. Ze hebben € 200 aan tandartskosten, € 400 aan hulpmiddelen aangeschaft en één van beide volgt een dieet vanwege Coeliakie. In de tabel staat daarvoor een aftrekbaar bedrag van € 1.250. Door hun lage inkomen worden de specifieke zorgkosten verhoogd. Dit leidt totaal tot een aftrekbaar bedrag van € 3.194. Dit bedrag mogen ze aftrekken van hun inkomen, waardoor ze minder belasting hoeven te betalen.

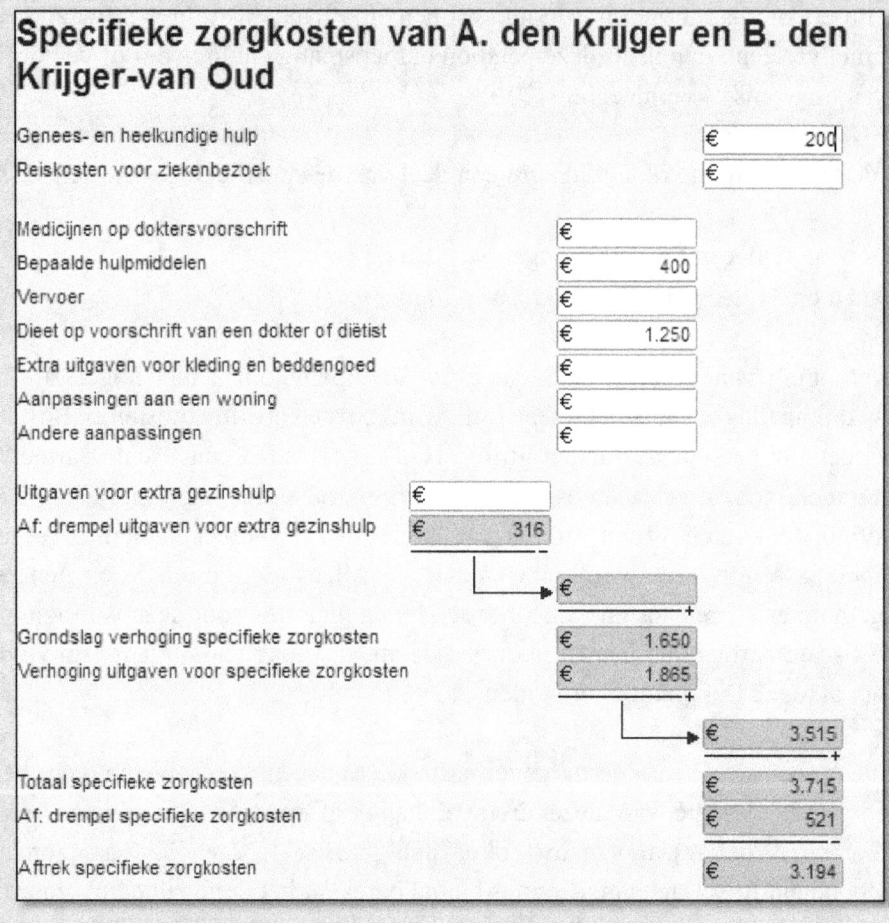

Figuur 20: Voorbeeld aftrek zorgkosten

TSZ: Tegemoetkoming specifieke zorgkosten
Als u geen of een laag inkomen heeft, betaalt u geen of weinig belasting. Dan heeft u dus ook geen voordeel van uw aftrekpost specifieke zorgkosten. Om dit te compenseren, krijgt u de tegemoetkoming specifieke zorgkosten. De tegemoetkoming krijgt u apart uitbetaald. U krijgt eerst een aanslag inkomstenbelasting/premie volksverzekeringen. Daarna ontvangt u de tegemoetkoming. Bij het invullen van het aangifteprogramma vanaf 2011 wordt de toegestane TSZ automatisch berekend en getoond.

VOORBEELD: Mevrouw Leenders (67 jaar) heeft in 2013 een pensioen van € 9.500 per jaar. Daarnaast heeft ze veel specifieke zorgkosten. Het bedrag dat ze daarvoor mag aftrekken is € 2.500. Van de belasting die zij moet betalen, wordt eerst nog de heffingskorting van € 2.125 afgetrokken. In beide gevallen krijgt mevrouw Leenders een aanslag van € 0. Het verschil tussen de 'gebruikte heffingskorting' (€ 1.444 - € 1.064) € 380, wordt uitbetaald uit als tegemoetkoming specifieke zorgkosten.

	berekening met aftrek zorgkosten		berekening zonder aftrek zorgkosten	
Pensioen		€ 9.500		€ 9.500
Aftrek specifieke zorgkosten		€ 2.500 -		
Belastbaar inkomen		€ 7.000 -		€ 9.500 -
Belasting	15,2% x € 7.000	€ 1.064	15,2% x € 9.500	€ 1.444
Algemene heffingskorting	€ 934		€ 934	
Ouderenkorting	€ 762		€ 762	
Alleenstaandeouderenkorting	€ 429 +		€ 429 +	
Totaal heffingskortingen		€ 2.125 -		€ 2.125 -
Te betalen belasting		€ 0		€ 0
Gebruikte heffingskorting	€ 1.064		€ 1.444	

Vóór 2010 heette deze regeling 'TBU: Tegemoetkomingsregeling buitengewone uitgaven'.

8.5 Studiekosten

De uitgaven voor een opleiding of studie die u volgde voor uw werk of toekomstige werk, zoals lesgeld en de uitgaven voor boeken, mag u aftrekken als persoonsgebonden aftrek. Ook als u kosten heeft voor een EVC-procedure (Erkenning Verworven Competenties) mag u de kosten aftrekken.

Uw studiekosten of andere scholingsuitgaven mag u onder de volgende voorwaarden meetellen:
- U of uw fiscale partner heeft de uitgaven voor uw studie gedaan;
- De opleiding of studie was gericht op uw (toekomstige) beroep of werk;
- De uitgaven (min eventuele vergoedingen) waren hoger dan de drempel van € 250. Vorig jaar was deze drempel € 500. De uitgaven boven de drempel mag u aftrekken. Meestal geldt een maximaal aftrekbedrag van € 15.000.

Als u voor uw studiekosten of andere scholingsuitgaven een vergoeding ontving, bijvoorbeeld een prestatiebeurs, moet u deze vergoeding apart aangeven. Deze vergoeding verlaagt het aftrekbare bedrag.

De volgende kosten mag u meetellen:
- lesgeld, collegegeld of instellingscollegegeld;
- kosten voor studieboeken of vakliteratuur;
- afschrijving van duurzame goederen. U kunt deze afschrijvingen alleen als kosten aftrekken als u dat goed ook gebruikte voor uw studie of opleiding en als het gaat om een duurzaam goed dat personen die deze studie of opleiding niet volgen gewoonlijk niet kopen. Het gaat om een duurzaam goed dat personen die deze studie of opleiding niet volgen gewoonlijk niet kopen. Computers en randapparatuur zijn hiermee uitgesloten van aftrek. Gebruikt u het duurzame goed voor een deel ook privé? Dan mag u het deel voor privégebruik niet als kosten aftrekken.

De volgende kosten mag u niet meetellen:
- rente voor studieschulden;
- uitgaven voor levensonderhoud, bijvoorbeeld huisvesting, voeding en kleding;
- reis- en verblijfkosten;
- uitgaven voor studiereizen of excursies;
- uitgaven voor een werk- of studeerruimte (ook niet de inrichting daarvan).

U mag maximaal € 15.000 als studiekosten of andere scholingsuitgaven aftrekken. Er zijn echter twee uitzonderingen:
- U mag het maximum verhogen als uw prestatiebeurs definitief niet werd omgezet in een gift.
- Als een studie of opleiding volgde tijdens uw standaardstudieperiode, dan geldt geen maximaal aftrekbedrag.

De standaardstudieperiode is een periode van maximaal 16 kalenderkwartalen waarin u uw tijd voornamelijk aan uw studie besteedde. U moest zodanig veel tijd aan de studie besteden, dat u daarnaast geen volledige baan kon hebben. De periode ligt in de jaren tussen uw 18e verjaardag en uw 30e verjaardag. U kunt zelf bepalen op welke datum uw standaardstudieperiode ingaat. De periode hoeft niet aaneengesloten te zijn.

Als u zelf in 2013 studiefinanciering voor thuiswonende kinderen ontving, kunt u meestal een bedrag aftrekken. U kunt het normbedrag voor uw opleiding min de beurs die u heeft ontvangen of de rentedragende lening die u heeft ontvangen, meetellen. De normbedragen vindt u in het aangifteprogramma.

8.6 Giften

Als u giften heeft gedaan aan goede doelen, dan is dat bedrag, na aftrek van een drempel, aftrekbaar. De drempel is 1% van uw (gezamenlijke) drempelinkomen. Pas wel op dat er een maximum zit aan het bedrag dat u kunt aftrekken, namelijk 10% van uw (gezamenlijke) drempelinkomen.

Hierbij gelden voorwaarden aan de goede doelen. Het moeten in Nederland (of Nederlands Antillen en Aruba) gevestigde, het algemeen nut beogende instellingen (ANBI) of Steunstichting voor Sociaal Belang Behartigende Instellingen (SBBI's) zijn, waaronder begrepen kerkelijke, levensbeschouwelijke, charitatieve en wetenschappelijke instellingen, die als zodanig door de Belastingdienst zijn aangemerkt. Een gift aan een culturele ANBI wordt voor uw aftrek verhoogd met 25%. De extra aftrek voor culturele giften is maximaal € 1.250 en geldt voor periodieke en gewone culturele giften samen. Het programma houdt hier vanzelf rekening mee.

Er is hier een aantal zaken van belang. De gift moet vrijwillig zijn, onvoorwaardelijk en zonder enkel recht op enig materieel voordeel of directe tegenprestatie. Zo is de contributie als lid-abonnee van een omroepvereniging niet aftrekbaar, hiervoor ontvangt u immers een omroepblad voor. Bijdrage als tientjeslid van een omroep is wel aftrekbaar, net als de contributie voor een vereniging of politieke partij waaraan men geen voordeel of aanspraak ontleent.

Pro-deo werken voor een instelling levert geen aftrekmogelijkheden op. Wel het afzien van het in rekening brengen van door u gemaakte kosten als vrijwilliger die u zou mogen declareren. Er zijn instellingen die hun vrijwilligers zeggen dat ze het bedrag van de vrijwilligersvergoeding mogen opgeven als gift. Dit is alleen waar als de vrijwilligers dit bedrag ook inderdaad uitgekeerd kunnen krijgen indien ze dat verzoeken.

Ook giften aan een kerkelijke instelling of diaconie zijn aftrekbaar. Donaties in een collecte niet, tenzij deze gedaan zijn door middel van collectebonnen.

Voor giften die periodiek gedaan zijn geldt geen drempel, mits voldaan wordt aan een aantal voorwaarden:
- U heeft de gift bij een notaris laten vastleggen;
- U doet de gift in de vorm van vaste en gelijkmatige periodieke uitkeringen die uiterlijk eindigen bij overlijden;
- U doet deze gift minimaal vijf jaar achter elkaar;
- Er stond geen tegenprestatie tegenover de gift;
- Het betreft een ANBI of een vereniging met de volgende kenmerken:
    - De vereniging heeft minstens 25 leden.
    - De vereniging heeft volledige rechtsbevoegdheid.
    - De vereniging hoeft geen vennootschapsbelasting te betalen.
    - De vereniging is gevestigd in een EU-land, Nederlandse Antillen, Aruba of een ander door ons aangewezen land.

De voorwaarde dat de periodieke gift bij een notaris moet worden vastgelegd vervalt per 1-1-2014. Van die datum geldt dat een onderhandse akte tussen uzelf en de ANBI voldoende is. Een voorbeeld van deze akte is op de site van de Belastingdienst te downloaden.

U kunt optimaal gebruik maken van aftrekposten zoals giften door in één jaar voor twee jaar te betalen? Dus doe uw giften voor één jaar in januari en voor het volgende jaar alvast in december. Het volgende jaar doet u niets en het jaar daarop begint u weer opnieuw. Let wel op dat u niet over het maximum heen gaat!

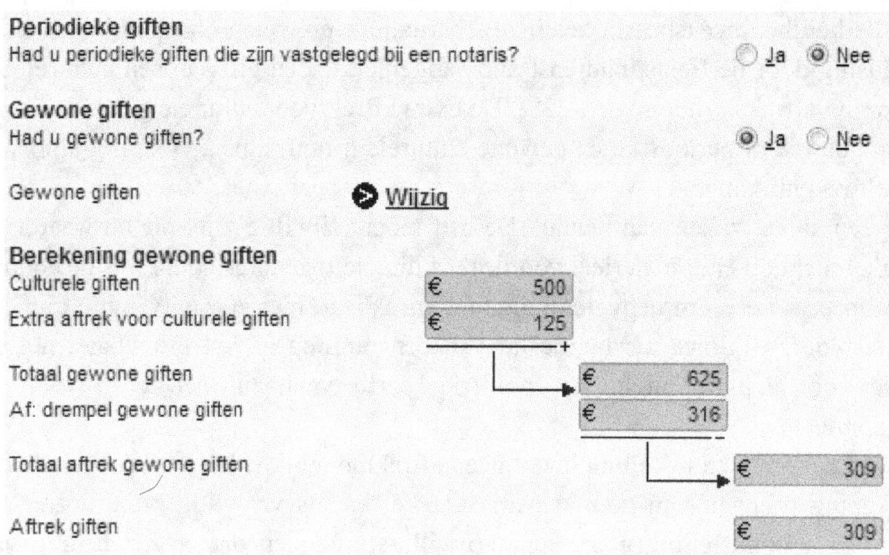

Figuur 21: Invulscherm giften; periodieke en gewone giften

9 TE VERREKENEN BEDRAGEN EN HEFFINGSKORTINGEN

Een aantal bedragen aan belasting die u in een jaar betaald heeft is te verrekenen met de definitieve aanslag. Dit zijn natuurlijk de loonbelasting die door de werkgever is ingehouden, maar ook dividendbelasting, kansspelbelasting, buitenlandse bronheffing op rente en inkomen en voorlopige aanslagen. Daarnaast heeft u recht op heffingskortingen die het te betalen bedrag aan belasting verlagen.

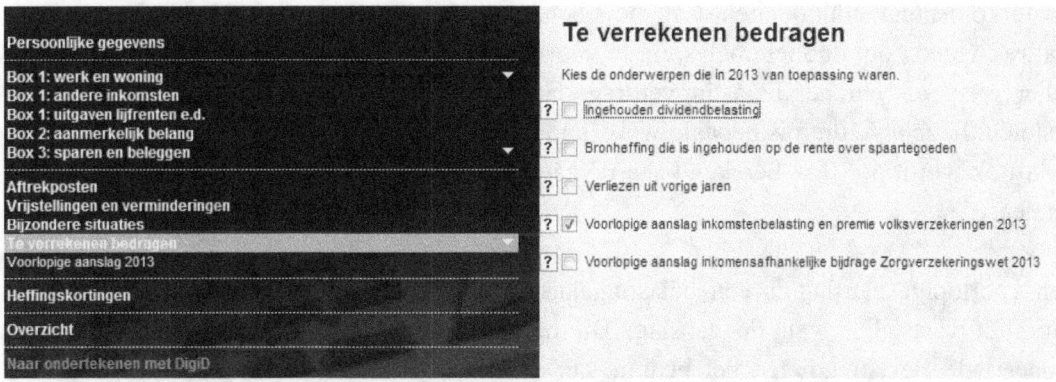

Figuur 22: Vul in wat u al aan belasting heeft ontvangen of betaald; niet van belang voor de Belastingdienst, wel om goed te kunnen berekenen wat u moet betalen of terugkrijgt.

9.1 Te verrekenen bedragen

Dividendbelasting wordt ingehouden op het moment dat u dividend krijgt uitgekeerd. De dividendbelasting die is ingehouden, staat meestal op de dividendnota's. Het geldt alleen voor Nederlandse dividendbelasting.

Kansspelbelasting wordt alleen verrekend als die is ingehouden op belastbare inkomsten in Box 1, bijvoorbeeld als winst uit onderneming of als inkomsten als freelancer of andere bijverdiensten. Dit kan gebeuren als u als ondernemer zakelijk vermogen heeft ingezet bij een kansspel.

Als u spaartegoeden had in het buitenland dan wordt met ingang van 1 juli 2005 door een aantal landen bronheffing ingehouden op de rente over die spaartegoeden. Het betreft de landen Andorra, België, Guernsey, Isle of Man, Jersey, Liechtenstein, Luxemburg, Britse Maagdeneilanden, Monaco, Nederlandse Antillen, Oostenrijk, San Marino, Turks- en Caicoseilanden, en Zwitserland. Deze specifieke bronheffing wordt niet ingehouden als u aan de uitbetalende instantie toestemming heeft gegeven om aan de Nederlandse belastingdienst door te geven welk bedrag aan rente is vergoed. Rente waarop deze specifieke bronheffing is ingehouden wordt verrekend met uw aanslag inkomstenbelasting en premie volksverzekeringen. Bronheffing wordt ingehouden op het moment dat u rente krijgt uitgekeerd. De bronheffing die is ingehouden, staat meestal op de rente-afrekening van de bank.

Als u rente kreeg uit een land dat niet in de bovenstaande lijst staat dan vult u uw rente en de bronheffing in bij 'Aftrek om dubbele belasting te voorkomen' in het onderdeel 'Vrijstellingen en verminderingen'. Als u in Nederland woonde en bezittingen had in het buitenland of inkomsten uit het buitenland dan moet u hiervan namelijk in Nederland aangifte doen. Ook als de bezittingen of inkomsten in het buitenland al belast waren. Om te voorkomen dat u dubbel belasting moet betalen (in Nederland en in het buitenland), kunt u aftrek vragen om dubbele belasting te voorkomen. Of u deze aftrek kunt krijgen, hangt onder meer af van het belastingverdrag dat Nederland met het betrokken land heeft gesloten. In zo'n verdrag is bepaald welk land over welke inkomsten belasting mag heffen. De aftrek wordt per Box berekend aan de hand van de belasting die u voor die Box moet betalen.

Een voorlopige aanslag is een belastingaanslag die de Belastingdienst oplegt vóór het definitief vaststellen van de aanslag. Bij het vaststellen van zo'n voorlopige aanslag probeert de Belastingdienst het bedrag van de definitieve aanslag zo goed mogelijk te schatten. U hoeft dan bij uw definitieve aanslag zo min mogelijk bij te betalen. Als u een voorlopige teruggaaf over 2013 heeft ontvangen, wordt hiermee rekening gehouden bij het berekenen van de aanslag inkomstenbelasting/premie volksverzekeringen.

9.2 Heffingskortingen

Heffingskortingen zijn kortingen op uw inkomstenbelasting en premie volksverzekeringen. De belasting die u afhankelijk van uw inkomen zou moeten betalen wordt verminderd met deze heffingen. Afhankelijk van uw persoonlijke situatie heeft u recht op één of meer heffingskortingen. Zo hebben mensen die werken recht op arbeidskorting en mensen met kinderen mogelijk op combinatiekorting. Iedereen heeft recht op de algemene heffingskorting. Bedragen die genoemd worden zijn bedragen voor 2013.

Het aangifteprogramma berekent de volgende heffingskortingen zelf:
- Algemene heffingskorting.
- Arbeidskorting.
- Ouderenkorting.

Voor de overige heffingskortingen zal een aantal vragen worden gesteld om te zien of u ervoor in aanmerking komt.

Algemene heffingskorting
Als u voldoende inkomsten of vermogen heeft, dan heeft u recht op de algemene heffingskorting. Bent u jonger dan 65 jaar dan is de algemene heffingskorting maximaal €

2.001. Bent u ouder dan 65 jaar dan is de algemene heffingskorting maximaal € 1034. Als u niet voldoende inkomsten heeft maar uw partner wel, dan kan u een deel van uw algemene heffingskorting toch uitbetaald krijgen.

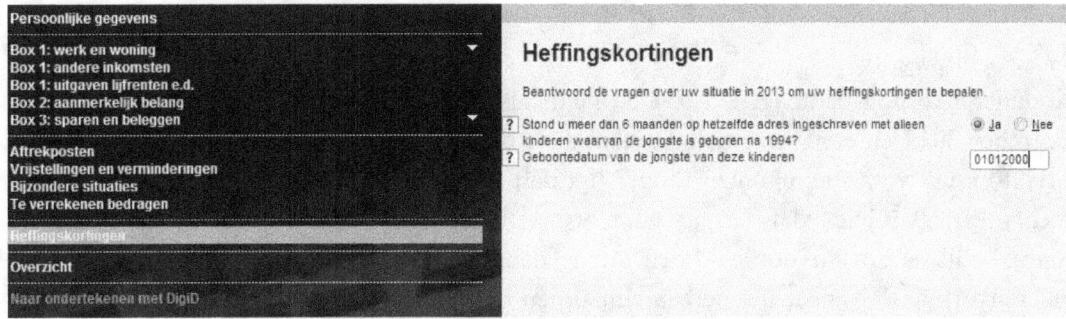

Figuur 23: Mogelijk vraag voor bepaling heffingskortingen

Arbeidskorting
De arbeidskorting is afhankelijk van het hebben van werk in loondienst, als ZZP'er of als ondernemer. Dan heeft u recht op de arbeidskorting. Als uw inkomen onder € 45.178 ligt, profiteert u maximaal van de arbeidskorting (€ 1.723). Is uw inkomen hoger € 45.178 dan is de arbeidskorting € 550.

Inkomensafhankelijke combinatiekorting
Indien u en uw fiscale partner beide werken en heeft u een kind, dan is deze heffingskorting van toepassing voor de minstverdienende partner. Ook is deze korting voor alleenstaande ouders met de zorg voor kinderen onder de 12 jaar. Bij een minimaal inkomen van € 4.734 (deze inkomensdrempel geldt niet voor zelfstandig ondernemers) is de korting € 780. De korting is maximaal € 1.871 bij een inkomen van € 33.444 of hoger voor de minst verdienende partner.

Alleenstaande ouderkorting
Vanaf 2011 zijn de alleenstaande ouderkorting en de aanvullende alleenstaande ouderkorting samengevoegd. U heeft recht op de alleenstaande ouderkorting als u aan een aantal voorwaarden voldoet. Een belangrijke voorwaarde is dat u een kind heeft dat op 1 januari 2012 jonger was dan 18 jaar en dat u dit kind onderhoudt. De alleenstaande ouderkorting is dan € 947. Als u werkt en een kind heeft dat op 31 december 2012 jonger was dan 16 jaar, dan heeft u recht op een verhoging van maximaal € 1.319. U heeft recht op een korting van 4,3% van het arbeidsinkomen met een maximum van € 2.266. Vanaf een arbeidsinkomen van € 30.674 bereikt u de maximale korting. Het kind moet ten minste 6 maanden op uw adres zijn ingeschreven.

Jonggehandicaptenkorting
Wie een Wajong uitkering ontvangt heeft automatisch recht op de jonggehandicaptenkorting. Ook als u recht heeft op een Wajong uitkering heeft maar deze

niet ontvangt omdat u loon of een andere uitkering ontvangt, dan heeft u ook recht op de jonggehandicaptenkorting. De korting bedraagt € 708. Vanaf het moment dat u AOW krijgt vervalt het recht op de jonggehandicaptenkorting en krijgt u recht op de ouderenkorting.

Ouderenkorting

De ouderenkorting bedraagt € 1.032 en geldt als u de AOW leeftijd heeft bereikt op 31 december 2013 en een verzamelinkomen heeft onder € 35.450. Als uw die leeftijd heeft bereikt en uw verzamelinkomen hoger ligt dan deze € 35.450, dan is de ouderenkorting slechts € 150. Geldt dat laatste voor u, laat dan eens doorrekenen of het voor u aantrekkelijk is om bijvoorbeeld een gift te doen zodat u alsnog kunt profiteren van de ouderenkorting. Wanneer uw verzamelinkomen bijvoorbeeld door toedoen van uw Box 3 vermogen net boven de grens van € 35.450 uitstijgt en u heeft een fiscale partner, deel het voordeel uit sparen en beleggen dan toe aan de minstverdienende partner.

Alleenstaande ouderenkorting

Als u recht heeft op een AOW uitkering voor alleenstaanden, dan heeft u automatisch ook recht op de alleenstaande ouderenkorting. De alleenstaande ouderenkorting bedraagt € 429.

Werkbonus

Een belastingplichtige heeft recht op de werkbonus als hij één van de volgende inkomsten heeft: loon, winst uit onderneming of resultaat uit overige werkzaamheden (arbeidsinkomen) en bij het begin van het kalenderjaar de leeftijd van 60 jaar heeft bereikt maar nog niet de leeftijd van 64 jaar. Het maximum van de werkbonus bedraagt € 1.100 en wordt bereikt bij een inkomen vanaf 100% van het wettelijk minimumloon en loopt door tot 120% van het wettelijk minimumloon. Boven 120% van het wettelijk minimumloon wordt de werkbonus lineair afgebouwd tot nihil bij 175% van het wettelijk minimumloon.

Levensloopverlofkorting

Voor elk jaar dat u heeft deelgenomen aan de levensloopregeling, bedraagt de korting maximaal € 205. Vanaf 2012 bouwt u geen nieuwe levensloopverlofkorting op. De levensloopregeling is per 1 januari 2013 afgeschaft. Er geldt wel een overgangsrecht. Dit betekent dat deelnemers met een saldo van ten minste € 3.000 op 31 december 2011 via de levensloopregeling kunnen blijven sparen voor de financiering van onbetaald verlof. Vanaf 2012 kunnen zij alleen geen levensloopverlofkorting meer opbouwen.

Ouderschapsverlofkorting

Als u ouderschapsverlof opneemt, dan kunt u recht hebben op de ouderschapsverlofkorting. Deze korting bedraagt maximaal € 4,24 per uur dat u verlof opneemt. De korting is maximaal het verschil tussen het salaris van het belastingjaar en het jaar voorafgaande aan het belastingjaar.

Heffingskorting groene beleggingen

Belegt u in groene beleggingen of in sociaal ethische beleggingen? Dan heeft u recht op een heffingskorting. Er geldt een vrijstelling voor de vermogensrendementsheffing van € 55.476 per belastingplichtige. Bovendien bestaat er een heffingskorting over het ingelegde bedrag tot deze maximale vrijstelling. Voor 2013 geldt een aanvullende heffingskorting van 0,7%. In een recente uitspraak is bepaald dat deze heffingskorting voor de komende jaren blijft gelden.

Soort heffingskorting	Maximale korting 2013
1. Algemene heffingskorting	€ 2.001
2. Arbeidskorting	€ 1.723
3. Inkomensafhankelijke combinatiekorting	€ 2.133
4. Alleenstaande ouderkorting	€ 2.266
5. Jonggehandicaptenkorting	€ 708
6. Ouderenkorting	€ 1.032
7. Alleenstaande ouderenkorting	€ 429
8. Levensloopverlofkorting	Afhankelijk van aantal jaren inleg
9. Ouderschapsverlofkorting	Afhankelijk van aantal opgenomen uren
10. Maatschappelijke beleggingen	Afhankelijk van het saldo
11. Beleggingen in durfkapitaal	Afhankelijk van het saldo

Tabel 17 Overzicht heffingskortingen

10 VERDELING EN OVERZICHT

Als u alle bedragen heeft ingevuld, dan dient u nog eventuele aftrekposten of inkomsten die u samen met uw fiscale partner heeft onderling te verdelen. Vervolgens kunt u zien hoeveel u (en uw fiscale partner) moet betalen of u nog terug krijgt.

10.1 Verdeling

U kunt de volgende inkomsten en aftrekposten verdelen met uw fiscale partner:
- het saldo van de inkomsten en aftrekposten van de eigen woning;
- voordeel uit aanmerkelijk belang;
- de waarde van bezittingen en schulden in Box 3, zoals effecten, een tweede woning of spaargeld;
- betaalde alimentatie of andere onderhoudsverplichtingen;
- uitgaven voor het levensonderhoud van kinderen jonger dan 30 jaar;
- ziektekosten of andere buitengewone uitgaven;
- uitgaven voor weekendbezoek van ernstig gehandicapten;
- studiekosten of andere scholingsuitgaven;
- kosten voor een rijksmonumentenpand;
- giften die u heeft gedaan;
- kwijtschelding van durfkapitaal;
- restant persoonsgebonden aftrek over voorgaande jaren.

Aftrek wegens geen of geringe eigenwoningschuld mag u ook verdelen met uw fiscale partner, maar u moet deze aftrekpost in dezelfde verhouding verdelen als het saldo van de inkomsten en aftrekposten van de eigen woning.

De volgende inkomsten en aftrekposten kunt u niet verdelen met uw fiscale partner:
- loon, uitkering of pensioen;
- reisaftrek openbaar vervoer en zeedagenaftrek;
- bijverdiensten en inkomsten als freelancer, alfahulp, artiest of beroepssporter;
- inkomsten door het ter beschikking stellen van vermogensbestanddelen;
- ontvangen alimentatie en andere periodieke uitkeringen;
- uitgaven voor inkomensvoorzieningen, zoals premies voor lijfrenten;
- negatieve uitgaven voor inkomensvoorzieningen;
- negatieve persoonsgebonden aftrek.

Waar u op moet letten bij de verdeling zijn de volgende punten:
- Wijs aftrekposten toe aan de persoon die de hoogste belasting betaalt over de top van het inkomen.

- Denk er aan dat je pas moet betalen vanaf 45 euro en terugkrijgt vanaf 14 euro. Bij een gezamenlijke aangifte waarbij een van de partners uitkomt rond nihil moet dus gekeken worden of de aftrekposten gunstiger verdeeld kunnen worden.

> VOORBEELD: Persoon 1 krijgt 120 euro terug en persoon 2 krijgt 5 euro terug. Dit levert in de definitieve aanslag op dat persoon 1 120 euro terug krijgt en persoon 2 nihil. Totaal krijgen ze 120 euro terug. Als ze nu echter de verdeling zo doen dat Persoon 1 175 euro terug krijgt en Persoon 2 40 euro moet betalen dan krijgt op de definitieve aanslag Persoon 1 175 euro terug en Persoon 2 nihil, totaal krijgen ze dan 175 euro terug.

> VOORBEELD: In onderstaand voorbeeld zien we dat A. den Krijger en zijn echtgenote € 3.282 aan Aftrekposten te verdelen hebben. Het bedrag toekennen aan mevrouw levert hen gezamenlijk een te betalen bedrag van € 476 op. Het toewijzen aan meneer zorgt voor een te betalen bedrag van € 416. Deze laatste verdeling is gunstiger. In dit voorbeeld is er nog een betere verdeling, weergegeven in Figuur 26. Hier speelt naast de € 45 regel ook nog dat mensen met een laag inkomen niet altijd optimaal gebruik maken van heffingskortingen. Niet alleen de uiterste verdelingen proberen dus!

	Totaal	A. den Krijger	B. den Krijger-...
Eigen woning			
Saldo inkomsten en aftrekposten eigen woning (aftrekbaar bedrag)	€ 4.800	€ 4.800	€ 0
Aftrekposten			
Specifieke zorgkosten	€ 3.282	€ 0	€ 3.282
Box 3			
● Grondslag box 3	€ 1.754	€ 1.754	€ 0
Totaal inkomstenbelasting en premie volksverzekeringen	€ 476	€ 476	€ 0
Nog te betalen of terug te krijgen			
Inkomstenbelasting en premie volksverzekeringen	Nog te betalen € 476	Nog te betalen € 476	Nog te betalen € 0

Figuur 24: Voorbeeld verdeling (1)

	Totaal	A. den Krijger	B. den Krijger-...
Eigen woning Saldo inkomsten en aftrekposten eigen woning (aftrekbaar bedrag)	€ 4.800	€ 4.800	€ 0
Aftrekposten Specifieke zorgkosten	€ 3.282	€ 3.282	€ 0
Box 3 ▶ Grondslag box 3	€ 1.754	€ 1.754	€ 0
Totaal inkomstenbelasting en premie volksverzekeringen	€ 416	€ 0	€ 416
Nog te betalen of terug te krijgen			
Inkomstenbelasting en premie volksverzekeringen	Nog te betalen € 416	Nog te betalen € 0	Nog te betalen € 416

Figuur 25: Voorbeeld verdeling (2)

	Totaal	A. den Krijger	B. den Krijger-...
Eigen woning Saldo inkomsten en aftrekposten eigen woning (aftrekbaar bedrag)	€ 4.800	€ 4.800	€ 0
Aftrekposten Specifieke zorgkosten	€ 3.282	€ 1.341	€ 1.941
Box 3 ▶ Grondslag box 3	€ 1.754	€ 1.754	€ 0
Totaal inkomstenbelasting en premie volksverzekeringen	€ 264	€ 219	€ 45
Nog te betalen of terug te krijgen			
Inkomstenbelasting en premie volksverzekeringen	Nog te betalen € 219	Nog te betalen € 219	Nog te betalen € 0

Figuur 26: Voorbeeld verdeling (3)

10.2 Overzicht

Als u alles heeft ingevuld dan ziet u onder het kopje 'overzicht' het resultaat van uw aangifte. Moet u bijbetalen of krijgt u nog geld terug. In de volgende figuur ziet u hiervan een voorbeeld.

Terug te krijgen inkomstenbelasting en premie volksverzekeringen		
Verschuldigde inkomstenbelasting en premie volksverzekeringen	€	6.045
Af: ingehouden loonbelasting en premie volksverzekeringen, dividendbelasting en kansspelbelasting	€	7.893
	€	-1.848
Bij: bedrag ontvangen via voorlopige aanslag inkomstenbelasting en premie volksverzekeringen 2013	€	1.200
Totaal	€	-648
Af: bedrag betaald via voorlopige aanslag inkomstenbelasting en premie volksverzekeringen 2013	€	
Terug te krijgen	€	648

Let op!
Dit bedrag is exclusief belastingrente.
U kunt geen rechten aan deze berekening ontlenen.

Figuur 27: Overzicht van de aangifte

> VOORBEELD: Deze persoon is na de totale belastingberekening € 6.045 verschuldigd. Er is op zijn loon al € 7.893 ingehouden. Dat is € 1.848 teveel. Via de voorlopige teruggaaf heeft hij al € 1.200 in maandelijkse termijnen ontvangen. Er blijft dus nog € 648 over wat deze persoon nog terug zal krijgen.

In hetzelfde overzicht ziet u welke heffingskortingen zijn verrekend en voor welk bedrag. Het is goed dit overzicht te controleren.

Heffingskortingen		
Algemene heffingskorting	€	2.001
Arbeidskorting	€	1.723
Werkbonus	€	
Inkomensafhankelijke combinatiekorting	€	
Alleenstaandeouderkorting	€	
Levensloopverlofkorting	€	
Ouderschapsverlofkorting	€	
Jonggehandicaptenkorting	€	
Tijdelijke heffingskorting vroeggepensioneerden	€	
Ouderenkorting	€	
Alleenstaandeouderenkorting	€	
Korting voor groene beleggingen	€	
Totaal heffingskortingen	€	3.724

Figuur 28: Overzicht heffingskortingen

Tenslotte vindt u helemaal onderaan dit overzicht uw verzamelinkomen. Dit inkomen is van belang als u toeslagen ontvangt, want dit inkomen (en niet uw bruto-inkomen) geldt als basis hiervoor.

11 MIDDELLINGSREGELING

Met een zogenaamd middelingsverzoek is het mogelijk belastingteruggaaf te krijgen als u een sterk wisselend inkomen heeft. Dat is bijvoorbeeld het geval indien een ontslaguitkering wordt ontvangen, een oudedagsreserve vrijvalt, een stakingswinst wordt gerealiseerd bij ondernemingsbeëindiging, of er is sprake van jaarlijks wisselende winsten binnen de zelfstandige onderneming. Ook voor herintreders of bij een 'sabbatical leave' kan middeling leiden tot een belastingteruggave. De middelingregeling is ontwikkeld om het nadeel op te vangen van de toepassing van een hoog belastingpercentage in één jaar als gevolg van een hoog inkomen in dat jaar en lage inkomens in voorafgaande of daaropvolgende jaren. In dat betreffende jaar is de belasting dan hoog, hetgeen niet het geval zou zijn geweest indien er een gelijkmatige verdeling van dat inkomen over de jaren was geweest.

De middelingsregeling kan toegepast worden over een periode van 3 jaar over het belastbare inkomen uit werk en woning. Er wordt geen rekening gehouden met heffingskortingen. Verder dient u over deze periode binnenlands belastingplichtig te zijn geweest. Ook het jaar waarin u 65 jaar bent geworden kunt u in de middeling betrekken. Geen rekening wordt dan echter gehouden met het lagere belastingtarief voor 65 jaar en ouder.

De middelingsteruggaaf wordt berekend over het verschil van de over de middelingsjaren geheven belasting en de belasting die verschuldigd zou zijn indien de belastbare inkomens over die drie jaar zouden worden gespreid. Bedraagt het verschil van de belasting op inkomen uit werk en woning tenminste € 545,- dan wordt op verzoek teruggaaf verleend door de belastingdienst.

> VOORBEELD: U bent jonger dan 65 jaar en wilt een verzoek om middeling doen over de jaren 2008, 2009 en 2010. In onderstaand schema zijn de belastbare inkomens uit het middelingstijdvak al ingevuld en opgeteld. De verschuldigde belastingen die op de aanslag staan, zijn ook ingevuld en opgeteld.

Jaar	Belastbaar inkomen in Box 1	Verschuldigde belasting
2008	€ 0	€ 0
2009	€ 100.000	€ 45.162
2010	€ 20.000	€ 6.918
Totaal	€ 120.000	€ 52.080

Deel het totaal van de belastbare inkomens door 3. Het herrekende belastbaar inkomen per jaar is: € 120.000 : 3 = € 40.000. In onderstaand schema is de belasting over dat gemiddelde belastbaar inkomen per jaar herrekend met de tabel.

Jaar	Herrekend belastbaar inkomen in Box 1	Herrekende belasting
2008	€ 40.000	€ 15.385
2009	€ 40.000	€ 15.269
2010	€ 40.000	€ 15.300
Totaal	€ 120.000	€ 45.954

Bereken het verschil tussen de verschuldigde belasting en de herrekende belasting. In dit geval is dat: € 52.080 - €45.954 = € 6.126. Trek hier de teruggaafdrempel vanaf (€ 545). Het bedrag dat u overhoudt (€ 5.581), kunt u terugvragen met een middelingsverzoek.

Het schriftelijke verzoek tot middeling moet u, inclusief een middelingsberekening binnen 3 jaar, nadat de laatste op de jaren van middeling betrekking hebbende aanslag onherroepelijk is geworden, bij de belastingdienst indienen. Het kan soms interessant zijn te wachten tot een volgend jaar voorbij is, om te berekenen of een andere middelingsperiode meer oplevert. Indien er reeds middeling heeft plaatsgevonden over een bepaald tijdvak is het niet meer mogelijk deze jaren te betrekken in een ander middelingstijdvak.

12 DE AANSLAG

En dan valt er een forse belastingaanslag in de bus. Dan is het goed als u weet voor welke belasting deze aanslag is en wat u moet doen als u het niet met de aanslag eens bent of als u deze niet kunt betalen.

12.1 Om welke aanslag gaat het?

Op de aangiftes van de Belastingdienst zijn vaak codes te vinden die een omschrijving geven over de soort aanslag en de periode van de aanslag. Het is handig als u kunt lezen om welke aangifte het gaat.

Weet u alleen het betalingskenmerk, dan kunt u die eerst hier omzetten naar de code. De code die op de aangifte te vinden is begint altijd met uw BSN/sofinummer. Daarna wordt de soort aanslag uitgedrukt als een letter.

A - Loonheffing naheffing
B - Omzetbelasting
F - Omzetbelasting naheffing
H - Inkomstenbelasting
K - Vermogensrendementsheffing
L - Loonheffing
M - Motorrijtuigenbelasting
O - Omzetbelasting teruggaaf
T - Toeslagen (eindigend op 1 = kinderopvang, 2 = huur, 3 = zorg)
V - Vennootschapsbelasting
W - Zorgverzekeringswet
Y - Motorrijtuigenbelasting naheffing
Z - Overige

Na de letter vindt u het laatste cijfer van het jaar van de aanslag. De cijfers daarna zijn een nadere aanduiding van de aanslag waarbij:

0 t/m 5 = 1e t/m 6e voorlopige aanslag
6 = definitieve aanslag
7 t/m 9 = 1e t/m 3e navorderingsaanslag

21 = 1e kwartaal
24 = 2e kwartaal
27 = 3e kwartaal
30 = 4e kwartaal

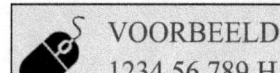

> VOORBEELD:
> 1234.56.789.H.86   Definitieve aanslag inkomstenbelasting 2008.
> 9876.54.321.B.01.0010   Omzetbelasting januari 2010.
> 1234.56.789.T.08.6. 4003   Definitieve beschikking zorgtoeslag over jaar 2008.

12.2 Eerst doen

Wat u in ieder geval niet moet doen is wachten tot de deurwaarder op de stoep staat. Een belastingaanslag verdwijnt niet als u hem laat liggen of weggooit. Dus onderneem altijd meteen actie, dan kunt u het ook niet vergeten. Kunt u de aanslag niet (meteen) betalen, dan zijn er 3 mogelijkheden:

1. Controleer of de aanslag wel klopt. Denkt u dat er een vergissing is gemaakt, of bent u het niet eens met de hoogte van de aanslag, dan kunt u bezwaar maken. Schrijf een brief naar het adres op de aanslag en zet daar duidelijk in waarom u het niet eens bent met (de hoogte) van de aanslag. Vraag tegelijk in een aparte brief om uitstel van betaling.
2. De aanslag klopt wel en op termijn kunt u ook wel betalen. Maar u redt 't niet vóór de datum die in de aanslag staat. Vraag dan om een betalingsregeling. Schrijf een brief naar het adres op de aanslag en vraag of u in termijnen kunt betalen. U kunt daarvoor ook zelf een voorstel doen. Bijvoorbeeld één bedrag vóór de vervaldatum en nog een aantal maandelijkse betalingen.
3. U kunt de aanslag helemaal niet betalen. In dat geval kunt u voor een aantal belastingen kwijtschelding vragen. Of u die ook krijgt hangt af van uw financiële situatie. Daarvoor moet u een uitgebreid vragenformulier invullen. Voor kwijtschelding zijn strakke regels.

Als u kwijtschelding krijgt voor een bepaalde aanslag, hoeft u deze niet te betalen. Het kan ook zijn dat u gedeeltelijke kwijtschelding krijgt. Kwijtschelding is definitief, de belastinginstantie kan er niet meer op terugkomen.

Heeft u bijvoorbeeld een inkomen op bijstandsniveau, geen vermogen en bijzondere extra lasten zoals een hoge netto huur? Dan komt u in principe in aanmerking voor kwijtschelding. Er moet dan wel een kwijtscheldingsregeling voor de belasting in kwestie bestaan. Als u een inkomen boven het bijstandsniveau heeft, al dan niet in combinatie met lage woonlasten. En/of als u over vermogen beschikt. Bijvoorbeeld een dure auto, een boot, een flink spaartegoed, of een eigen huis dat meer waard is dan de hypotheekschuld (overwaarde).

De reden dat u altijd tijdig moet reageren op een aanslag die u niet kunt betalen is simpel. Als u niets doet, wordt het steeds duurder. Zodra de termijn is verstreken krijgt u te maken met aanmaningskosten, wettelijke rente en invorderingskosten. In laatste instantie kunnen er dwangmaatregelen volgen. Bijvoorbeeld inbeslagname van uw auto, inboedel, huis of banksaldo. Ook kan er beslag worden gelegd op uw inkomen of uitkering. Zover kunt u het beter niet laten komen.

13 BELANGRIJKSTE WIJZIGINGEN IN 2013 EN 2014

Voor alle duidelijkheid zetten we de belangrijkste wijzigingen in de regelgeving in 2013 en 2014 op een rijtje. De belangrijkste wijzigingen in 2013 zijn:

- Aanpassing van de tarieven inkomstenbelasting. Vooral de laagste schijf is flink verhoogd veroorzaakt door de versimpeling van het loonstrookje waardoor de Zvw-premie niet meer tot het belastbaar inkomen behoort.
- Korting voor directe beleggingen in durfkapitaal, culturele beleggingen en sociaal-ethische beleggingen is vervallen. Nog wel voor groene beleggingen.
- Met ingang van 1 januari 2013 geldt de hypotheekrenteaftrek alleen voor hypotheken met een ten minste annuïtair aflossingsschema van 30 jaar. Voor mensen die op 31 december 2012 een eigen woning en een eigenwoningschuld hadden blijft de hypotheekrente aftrekbaar ook al wordt op de betreffende lening niet afgelost. Dit geld ook indien zij in of na 2013 deze lening oversluiten.
- Drempel voor scholingsuitgaven is verlaagd naar € 250.
- Bij ziektekosten zijn rollator en krukken niet meer aftrekbaar.
- Per 1 januari 2013 is de levensloopregeling niet meer beschikbaar voor nieuwe deelnemers. De mogelijkheid bestaat het tegoed te laten vrijvallen. Bij die vrijval wordt belasting geheven over 80% van het tegoed op 31 december 2011 en worden de in het verleden opgebouwde rechten op de levensloopverlofkorting in aanmerking genomen.

In 2014 wijzigen de volgende regelingen:

- Verlaging Box 2-belasting naar 22%; dit geldt vooralsnog alleen voor 2014.
- Sterke inkomensafhankelijke daling van de algemene heffingskorting en verhoging van de arbeidskorting.
- Regels omtrent periodieke schenking geldt ook voor onderhandse aktes; notariële aktes zijn dus niet langer noodzakelijk.
- Vanaf 2014 wordt in 28 jaarlijkse stappen van 0,5% het maximale tarief waartegen aftrekbare kosten in verband met de eigen woning in aanmerking kunnen worden genomen verlaagd tot uiteindelijk 38% in 2041. In 2014 bedraagt dit tarief dus 51,5%. De regel heeft niet alleen betrekking op de hypotheekrente maar op alle kosten die samenhangen met de eigen woning. Het eigenwoningforfait blijft overigens gewoon tegen het oorspronkelijke tarief belast.
- De mogelijkheid om ontslagvergoedingen vast te zetten op een bankspaarrekening of in een stamrecht-bv vervalt. Tevens wordt het in 2014 aantrekkelijk gemaakt om bestaande regelingen te laten uitkeren, aangezien maar 80% van de waarde wordt belast.
- Bij ziektekosten zijn verbouwingskosten (aanpassing woning) niet meer aftrekbaar.
- De derde belastingschijf wordt verlengd; indien u nu 52% betaalt, betaalt u straks over een groter deel van uw inkomen 42% in plaats van 52%.
- De belastingschijven en heffingskortingen worden in 2014 niet aangepast aan de prijsontwikkeling (niet geïndexeerd).

14 CHECKLIST BENODIGDHEDEN AANGIFTE

Onderstaande lijst kunt u gebruiken bij de voorbereiding van uw aangifte. Hieronder staat een aantal vragen. Als u een vraag met 'ja' kunt beantwoorden, probeer dan de informatie die daar direct onder staat klaar te leggen. Die informatie heeft u nodig voor de aangifte.

O Krijgt u loon of heeft u een uitkering/aow/pensioen?
- Jaaropgaves van al uw werkgevers of uitkeringsinstanties;
- Overzicht van alle buitenlandse betalingen en ingehouden belastingen.

O Heeft u ouderschapsverlof gehad?
- Kopie ouderschapsverlofverklaring van uw werkgever.

O Reist u met openbaar vervoer naar uw werk?
- De plaats van uw werk en de enkele reisafstand woon-werk;
- Aantal dagen per week dat u met openbaar vervoer reist.

O Betaalt of ontvangt u alimentatie?
- Overzicht betaalde of ontvangen alimentatie.

O Heeft u een koopwoning?
- Geldige WOZ beschikking per 1-1-2013 (Let op: waardepeildatum 1-1-2012);
- Jaaropgave van in 2013 betaalde hypotheekrente en kosten;
- De eigenwoningschuld per 31-12-2013;

O Heeft u een woning gekocht of verkocht?
- Rekening(en) makelaar/taxateur;
- Afrekening(en) notaris;
- Opgave van ontvangen depotrente;
- In voorgaande jaren berekende hypotheeksplitsing;

O Heeft u een leven-, spaar of beleggingshypotheek?
- Jaaropgave waardeontwikkeling kapitaalverzekering.

O Spaart u voor een lijfrente?
- Polis, betaalde premies;
- Berekening waaruit de jaar/reserveringsruimte blijkt, indien u deze berekening niet heeft: de opgave van uw pensioenaangroei 2012 in de jaaropgave van uw pensioenfonds en de jaaropgave van uw loon in 2012.

O Heeft u een verzekering voor arbeidsongeschiktheid?
- Opgaaf betaalde premies in 2013 (jaaropgave);
- Kopie polis.

O Heeft u privé-, spaarrekening(en), deposito's en aandelen of obligaties bij een bank?
- Van alle rekeningen de jaaropgaven waarop de saldi staan per 1-1-2013, ook van uw kinderen tot 18 jaar;
- Jaaropgaven van effecten/aandelen etc. per 1-1-2013;
- De waarde van 2e en volgende woningen of ander onroerend goed;
- Overzicht van verstrekte leningen aan derden.
- Overzicht ingehouden dividendbelasting.

O Heeft u persoonlijke leningen of andere financieringen lopen bij banken of geldverstrekkers?
- Jaaropgave lening waarop staat vermeld de hoogte van de schuld op 1-1-2013.

O Heeft u partneralimentatie betaald?
- Overzicht van de betaalde bedragen.
- Naam en adresgegevens van uw ex-partner.

O Heeft u uitgaven gemaakt i.v.m. ziekte, handicap of ouderdom?
- Dieetvoorschrift(en) van arts, diëtist of specialist;
- Betalingsbewijzen van extra gezinshulp en tevens naam en adres van gezinshulp of instantie die de hulp verleende;
- Betalingsbewijzen van hulpmiddelen zoals steunzolen; gehoorapparaten (plus batterijen), kunstgebitten; prothesen; blindengeleidehond en blindenstok; rolstoel, kruk, rollator of traplift; onderhoud, reparatie en verzekering van de hulpmiddelen;
- Zelf betaalde en niet vergoede ziektekosten, medicijnen;
- Eigen bijdragen arts/tandarts/specialist;
- Reiskosten bezoek aan artsen, ziekenhuis etc.
- Overzicht betaalde bedragen voor aanpassingen aan uw woning.
- Overzicht extra kosten aan kleding en beddengoed door een chronische ziekte.

O Onderhoudt u een kind onder de 21 jaar waarvoor geen recht is op kinderbijslag
of studiefinanciering?

- Overzicht van de betaalde bedragen.

O Volgde u een studie voor uw huidige of toekomstige beroep?
- Bewijsstukken van gemaakte scholingskosten

O Heeft u giften gedaan aan goede doelen (via bank of giro)?
- Overzicht van gemaakte giften.

O Heeft u vorige jaren ook aangifte gedaan?
- Kopie aangifte voorgaande jaren (2011 en 2012).

O Heeft u voorlopig aangifte gedaan voor 2013?
- Voorlopige aanslag 2013.

En in ieder geval uw DIGID.

INDEX

aangifteprogramma 11
aangroeifactor 45
aanmerkelijk belang 47
alimentatie 42, 57
annuïtair 38
arbeidskorting 26
bijleenregeling 29
box 1 25
box 2 47
box 3 48
buitenlandse pensioenen 28
dieet 61
downloaden 12
drempelinkomen 24
eigen woning 29
eigenwoningforfait 31
eigenwoningreserve 30
erfpacht 36
fiscale partners 16
giften 66
heffingsgrondslag 48
heffingskortingen 22
heffingsvrij vermogen 54
hillen 39
hulpmiddelen 61
huurwaardeforfait 33
hypotheekrente 36
inkomensafhankelijk bijdrage zvw 7
kapitaalverzekering 49
kapitaalverzekering eigen woning (kew) ... 34
kinderalimentatie 57
kinderen 18
levensonderhoud van een kind 57
lijfrente 43
loon 25
loonheffing 26
medicijnen 61
middeling 78
nominale premie 10
notariskosten 37
onverdeelde boedel 43
opstalrecht 36
ouderentoeslag 54
pensioengat 44
persoonsgebonden aftrek 56
premie volksverzekeringen 7
reiskosten 40
restschuld 39
schijf 20
schulden 53
sociale verzekeringen 7
spaarrekening eigen woning (sew) 35
studiekosten 65
tarieven 19
tegemoetkoming specifieke zorgkosten 64
terbeschikkingstellingsregeling 42
toeslagen 24
verdelen 74
vermogensrendementheffing 48
verzamelinkomen 24
vorderingen 49
waardepeildatum 31
werkbonus 27
woz-waarde 31
ziektekosten 59